# ¡Nos vemos: 1

**Libro del alumno**

Eva María Lloret Ivorra
Rosa Ribas
Bibiana Wiener
Margarita Görrissen
Marianne Häuptle-Barceló
Pilar Pérez Cañizares

# ¡Nos vemos! 1

Libro del alumno

**Autoras**
Eva María Lloret Ivorra
Rosa Ribas
Bibiana Wiener
Margarita Görrissen
Marianne Häuptle-Barceló
Pilar Pérez Cañizares

**Asesoría y revisión**
Antonio Béjar, José Ramón Rodríguez

**Coordinación editorial y redacción**
Mónica Cociña, Pablo Garrido, Dr. Susanne Schauf, Beate Strauß

**Diseño y dirección de arte**
Óscar García Ortega, Luis Luján

**Maquetación**
Luis Luján

**Documentación**
Andrea Fiumara, Olga Mias

**Ilustración**
Jani Spennhoff, Barcelona

**Fotografías**
**Cubierta** Getty Images **Unidad 1** pág. 9 Jarno Gonzalez/Istockphoto, Elke Dennis/Istockphoto, Irving Birkner/Istockphoto, IDS.photos/Flickr, etireno/Flickr; pág. 10 Hulton Archive/Getty Images, Peter Jordan/Getty Images, Tony Vaccaro/Getty Images, Steve Granitz/Getty Images; pág. 11 Difusión; pág. 13 Ivan Bajic/Istockphoto; pág. 14 Oficina de Turismo México, Carlos Adampol/Flickr, J David/Flickr; pág. 17 Charles Taylor/Istockphoto, Joel Carillet/Istockphoto, Jose Girarte/Istockphoto, RIOMANSO/Flickr, ydnammmm/Flickr, Alex Steffle/Flickr; **Unidad 2** pág. 20 Fundación "la Caixa"; pág. 21 Kristian Sekulic/Istockphoto; pág. 24 Digitalskillet/Istockphoto; pág. 25 Fundación "la Caixa", NickStenning/Flickr; pág. 26 Ljupco Smokovski/Dreamstime, Derek Latta/Istockphoto; pág. 29 star5112/Flickr, WireImage/Getty Images, ELISA GARRIDO/Istockphoto, Klett-Archiv; **Unidad 3** págs. 36-37 Alex Mares-Manton/Getty Images; pág. 39 Xavi/Flickr. compág. 32-33 Difusión; pág. 34 Chocolates Valor SA, Zsuzsanna Kilian/SXC; pág. 37 Gianni Ferrari/Getty Images, Quim Llenas/Getty Images; pág. 41 Guillermo Ramírez/Flickr, alq666/Flickr, Adal-Honduras/Flickr, Holger Mette/Dreamstime, Bibiana Wiener; **Unidad 5** pág. 49 Mediterránea Detalles y Regalos S.A.; pág. 50 Olga Lyubkina/Istockphoto, jerryhat/Istockphoto, Andres Peiro Palmer/Istockphoto, Syagci/Istockphoto, Ilker Canikligil/Istockphoto, Klaudia Steiner/Istockphoto, Tschon/Istockphoto, Vyacheslav Anyakin/Istockphoto, Juanmonino/Istockphoto, Subjug/Istockphoto, YinYang/Istockphoto, Elena Schweitzer/Istockphoto, Marc Harrold/Istockphoto, Denis Gagarin/Istockphoto, Stefano Tiraboschi/Istockphoto, Stefano Tiraboschi/Istockphoto, Elena Schweitzer/Istockphoto, MARIA TOUTOUDAKI/Istockphoto; pág. 51 Ove Topfer/SXC; pág. 53 Javi Vte Rejas/Flickr, okate366/Flickr, Boca Dorada/Flickr, Javier Lastras/Flickr, Javier Lastras/Flickr, Javier Lastras/Flickr, Juan Pablo Olmo/Flickr, Marijn de Vries Hoogerwerff/Flickr; pág. 54 Nossirom/sxc, Juan Fernandez/Flickr, Grapa/Flickr, Matías Garabedian/Flickr, Ricardo Martins/Flickr; pág. 55 V. Abreu; pág. 57 Arvind Grover/Flickr, Ardyiii/Flickr, Carlos Adampol/Flickr, Arvind Grover/Flickr, Mat Honan/Flickr, Bibiana Wiener; **Unidad 6** pág. 60 Klett-Archiv, Neil Beer/Getty Images, Francisco Javier Alcerreca Gomez/Istockphoto, Terence Mendoza/Istockphoto, Klett-Archiv; pág. 62 Austin Evan/Flickr, Juanmonino/Istockphoto, son of groucho/Flickr, Cenk Unver/Istockphoto, Brytta/Istockphoto; pág. 63 Mladen Mladenov/Istockphoto, Warwick Lister-Kaye/Istockphoto, Olivier Blondeau/Istockphoto, Oscar Calero/Istockphoto, Rich Harris/Istockphoto, Alexandra Draghici/Istockphoto, Sami Suni/Istockphoto, Susanne Schauf/Klett; pág. 65 GÛmez, Helma/Klett; pág. 66 Carlos Felipe Pardo/Flickr; pág. 67 Christopher Bazeley/Istockphoto, Klett-Archiv; pág. 69 Jean Baptiste Lacroix/Getty Images, Amaianos/Flickr, GÛmez, Helma/klett, laloking97/Flickr; pág. 72 Luis Angerich/Flickr, Marga Carrió/Flickr, Hywell Martinez/Flickr, Cayetano/Flickr, Piutus/Flickr, Cayetano/Flickr; pág. 74 harryfn/Istockphoto, Nick Stubbs/Istockphoto, Klett-Archiv; pág. 75 Antonio Fiol/Flickr; pág. 77 Anna 7/Flickr; pág. 78 Brian Snelson/Flickr, Todd Nienkerk/Flickr; pág. 80 Bracketing Life/Flickr; pág. 81 Denise Chan/Flickr, Yamil Salinas/Flickr, Marcio Ramalho/Flickr, Mikko Koponen/Flickr, Klett-Archiv; **Unidad 9** pág. 88 rmkoske/Flickr, Tommy Ingberg/Istockphoto, Vyacheslav Shramko/Istockphoto, Natallia Bokach/Istockphoto, Mark Herreid/Istockphoto, Ivan Gulei/Istockphoto, Jitalia17/Istockphoto, Rafa Irusta/Istockphoto, sumnersgraphicsinc/Istockphoto, Guillermo Lobo/Istockphoto, NoDerog/Istockphoto; pág. 90 Alex Chang/Flickr, robert van beets/Istockphoto; pág. 91 Vicente Barcelo Varona/Istockphoto, compostelavirtual.com/Flickr, Marianne Huptle-Barcelo/klett; pág. 93 wayra/Istockphoto, Christian Haugen/Flickr; pág. 94 Geir Pettersen/Getty Images, Elifranssens/Dreamstime, Živa Kirn/Istockphoto, Klett-Archiv; pág. 97 Pilar Klewin/klett, Matt Riggott/Flickr, Véronique Debord-Lazaro/Flickr, Anoldent/Flickr; **Unidad 10** pág. 100 Quim Llenas/Cover/Getty Images; pág. 101 PD/Wikimedia commons; pág. 102 Birgitte Magnus/Istockphoto, Voyagerix/Istockphoto, Nikada/Istockphoto, Andrey Shchekalev/Istockphoto, Carmen Martínez Banús/Istockphoto, Ingmar Wesemann/Istockphoto, Chris Schmidt/Istockphoto, René Mansi/Istockphoto, Stephen Moore/Istockphoto, William R. Minten/Istockphoto, Webphotographeer/Istockphoto, Diakowa-Czub/Istockphoto, Blackred/Istockphoto, Joselito Briones/Istockphoto, René Mansi/Istockphoto; pág. 103 hypergon/Istockphoto, Mustafa Hacalaki/Istockphoto; pág. 104 Oleksii Popovskyi/Istockphoto, Ana Sousa/Istockphoto; pág. 105 Hauhu/dremstime; pág. 106 Marko Kudjerski/Flickr; pág. 109 Alastair Rae/Flickr, Phillie Casablanca/Flickr, Cordyph/Flickr, Addy Cameron-Huff/Flickr, Tae Sandoval Murgan/Flickr, Klett-Archiv; **Unidad 11** pág. 112 Ulises Estrada/Flickr, Mario Castro/Flickr, Jose del Corral/Flickr; pág. 116 Francisco Javier Martín/Flickr; pág. 117 Chocolates Valor SA; pág. 119 Lawrence of Arabia/Wikimedia commons; pág. 121 Klett-Archiv, Carlos Adampol/Flickr, Juan Pablo Olmo/Flickr, Matt Riggott/Flickr, Alberto Patrian/Secretaría de Turismo Argentina.

Todas las fotografías de www.Flickr.com están sujetas a una licencia de Creative Commons (Reconocimiento 2.0 y 3.0).

**Audiciones CD**
**Estudio de grabación** Tonstudio Bauer GmbH, Ludwigsburg y Difusión.
**Locutores** Bibiana Abelló, José María Bazán, Mónica Cociña, Grizel Delgado, Carlos Fernández, Miguel Freire, Pablo Garrido, Helma Gómez, Pilar Klewin, Eva Llorens, Lucía Palacios, Ernesto Palaoro, Carmen de las Peñas, Pilar Rolfs, Verónica Romero, Roberto Sánchez **Música** Difusión **Ambientes** dobroide, inthecad, Tim Kahn, pagancow, Regenpak, partymix.

**Agradecimientos**
Bibiana Abelló, Barbara Ceruti, Agustín Garmendia, Eva Llorens, Edith Moreno, Laia Sant, Sergio Troitiño, Pol Wagner.

Agradecemos especialmente la colaboración en la sección Panamericana de Víctor Aguilar, Helma Gómez, Evelyn Guzmán, Matilde Guzmán, Héctor Inca, Hortensia Malfitani, Hilda Mateo y Pilar Rolfs.

Queda prohibida cualquier forma de reproducción, distribución, comunicación pública y transformación de esta obra sin contar con autorización de los titulares de propiedad intelectual. La infracción de los derechos mencionados puede ser constitutiva de delito contra la propiedad intelectual (arts. 270 y ss. Código Penal).

¡**Nos vemos!** está basado en el manual **Con gusto**.
© de la versión original (*Con gusto*): Ernst Klett Sprachen GmbH, Stuttgart 2009. Todos los derechos reservados.
© de la presente edición: Difusión, S.L., Barcelona 2010

ISBN: 978-84-8443-651-5
Depósito Legal: B-18.484-2010
Impreso en España por Gráficas Soler

# Índice

## 1 Viaje al español ........................................................... 8

**Recursos comunicativos y situaciones**
- Saludarse y despedirse
- Preguntar a alguien por su nombre y responder
- Preguntar por palabras desconocidas
- Preguntar y decir para qué se estudia español

**Dosier:** Elaborar un dominó

**Gramática**
- Reglas de acentuación
- El artículo definido
- El género de los sustantivos
- El plural de los sustantivos
- Los pronombres de sujeto
- Verbos regulares en –ar
- Los números de 0 a 10

**Cultura**
- Algunas personas famosas
- Nombres y apellidos españoles
- Los saludos a diferentes horas del día
- El tuteo y la forma de cortesía
- El origen de palabras españolas

**Panamericana:** El itinerario

## 2 Primeros contactos ........................................................... 20

**Recursos comunicativos y situaciones**
- Presentarse y reaccionar
- Hablar del país de origen
- Preguntar por el estado físico y anímico y responder
- Deletrear
- Decir el número de teléfono y la dirección de correo electrónico
- Preguntar por la profesión y lugar de trabajo y responder
- Negar una afirmación

**Dosier:** Una ficha con datos personales

**Gramática**
- El presente de **ser**
- El presente de **tener**
- El alfabeto español
- Verbos regulares en **–er** e **–ir**
- El artículo indefinido
- Pronombres interrogativos (**cómo**, **qué**, **dónde**, **de dónde**)
- Nombres de profesiones masculinos y femeninos
- La negación

**Cultura**
- Documento "integración laboral" (la integración laboral de discapacitados)
- Las profesiones preferidas de los españoles
- Temas de conversación en el primer encuentro

**Panamericana:** México

## 3 Mi gente ........................................................... 32

**Recursos comunicativos y situaciones**
- La familia
- Describir el aspecto físico y el carácter de personas
- La fecha y los meses
- Decir la edad y el cumpleaños
- Expresar gustos

**Dosier:** Perfil y poema

**Gramática**
- Los números de 11 a 100
- Los artículos posesivos
- La concordancia de sustantivos y adjetivos
- El presente de **estar**
- **quién / quiénes**
- **cuántos / cuántas**
- Me gusta/n... ¿Te / Le gusta/n...?

**Cultura**
- Una empresa familiar: Chocolates Valor
- La familia española
- El diminutivo de cortesía (*gordito*, *bajito*)
- Cecilia Roth y Ariel Rot
- Canción: *Cumpleaños Feliz*

**Panamericana:** Guatemala, El Salvador, Honduras

## 4 Mirador ........................................................... 44

- Similitudes y diferencias culturales
- Autoevaluación teórica y práctica
- Aprender a estudiar: trabajo con vocabulario, comprensión auditiva, terapia de errores
- Hablar y jugar

## 5 Es la hora de comer .................................................................................................................. 48

**Recursos comunicativos y situaciones**
- Comprar alimentos
- Cantidades y envases
- Hablar de preferencias
- Referirse a una cosa mencionada
- Pedir en un bar
- Preguntar por un plato
- La hora y el momento del día

**Dosier:** La carta

**Gramática**
- Verbos con cambio vocálico **e → ie** (**querer, preferir**)
- Adverbios de frecuencia (**todos los días, pocas veces, nunca**…)
- Los números a partir de 100
- Los pronombres de objeto directo
- **se** + 3ª persona (**se** impersonal)
- Verbos con cambio vocálico **o → ue** (**poder, probar**)

**Cultura**
- La cesta de Navidad
- Productos (*turrón*, *tapas*)
- Bares españoles (compartir las tapas, no sentarse en mesas de desconocidos, compartir la cuenta)
- Las horas de las comidas

**Panamericana:** Nicaragua, Costa Rica, Panamá

## 6 Por la ciudad .................................................................................................................. 60

**Recursos comunicativos y situaciones**
- Describir una ciudad
- Preguntar y decir dónde se encuentra algo
- Pedir información en la oficina de turismo
- Indicar el camino con medios de transporte y a pie
- Algunas tiendas
- Los días de la semana

**Dosier:** Un recorrido turístico

**Gramática**
- El uso de **hay** y **está/n**
- El presente de **ir**
- Preposiciones de lugar
- Verbos con cambio vocálico **e → i** (**pedir, seguir**)
- **tener que** + infinitivo

**Cultura**
- Sevilla
- Bogotá
- El Transmilenio
- El Museo del Oro

**Panamericana:** Colombia

## 7 El placer de viajar .................................................................................................................. 72

**Recursos comunicativos y situaciones**
- Reservar una habitación en un hotel
- Pedir información
- Expresar preferencias
- Expresar acuerdo y desacuerdo
- Escribir una postal
- Hablar de experiencias
- Hacer una reclamación, quejarse
- Disculparse y reaccionar

**Dosier:** Una postal

**Gramática**
- Verbos irregulares en la 1ª persona (**hago, pongo**…)
- **también, tampoco**
- Los pronombres de objeto indirecto
- El perfecto
- Participios irregulares
- El uso de **muy** y **mucho**

**Cultura**
- Mallorca
- Cuba
- Una queja formal

**Panamericana:** Ecuador

## 8 Mirador .................................................................................................................. 84

- Similitudes y diferencias culturales
- Autoevaluación teórica y práctica
- Aprender a estudiar: trabajo con vocabulario, comprensión auditiva, terapia de errores
- Hablar y jugar

## 9 Caminando .......... 88

**Recursos comunicativos y situaciones**
- La ropa y los colores
- Describir la rutina diaria
- El tiempo
- Hacer comparaciones
- Señalar algo
- Recomendar algo
- Describir un proceso

**Dosier:** Organizar una excursión

**Gramática**
- Los adjetivos de colores
- Verbos reflexivos
- Verbos del grupo -zc-
- Comparativo y superlativo
- La preposición **a** con el objeto directo de persona
- Los pronombres demostrativos **este/-a** y **ese/-a**
- El gerundio

**Cultura**
- El Camino de Santiago en España
- El Camino Inca al Machu Picchu

**Panamericana:** Perú

## 10 Tengo planes .......... 100

**Recursos comunicativos y situaciones**
- Hacer una propuesta y reaccionar
- Quedar
- Dar una definición
- Pedir en un restaurante
- Modos de preparación *(al horno…)*
- Valorar la comida

**Dosier:** Un viaje de fin de semana

**Gramática**
- Preposición + pronombre *(para mí, conmigo…)*
- El uso de **saber** y **poder**
- Frases de relativo con **que** y **donde**
- Adjetivos de nacionalidad
- **otro/-a**, **un poco más de**
- El futuro con **ir a** + infinitivo

**Cultura**
- El diseñador Javier Mariscal
- La importancia de salir a comer
- En el restaurante

**Panamericana:** Chile

## 11 Mi nueva casa .......... 112

**Recursos comunicativos y situaciones**
- Describir un piso
- Nombrar los muebles y los electrodomésticos
- Hacer cumplidos y reaccionar
- Dar datos sobre la biografía
- Hablar del pasado

**Dosier:** El álbum de la clase

**Gramática**
- Cuantificadores (**la mayoría, algunos, nadie**)
- El indefinido de los verbos regulares
- El indefinido de **ser** e **ir**

**Cultura**
- La vivienda en España
- Reaccionar a un cumplido
- El artista del chocolate Xiu Xiul
- El origen del chocolate y su viaje a España

**Panamericana:** Argentina

## 12 Mirador .......... 124

- Similitudes y diferencias culturales
- Autoevaluación teórica y práctica
- Aprender a estudiar: trabajo con vocabulario, comprensión auditiva, terapia de errores
- Hablar y jugar

# Estructura de ¡Nos vemos!

**¡Nos vemos!** es un manual para descubrir el mundo de habla hispana y aprender a comunicarse en muchas situaciones de la vida cotidiana. Al final de este nivel el estudiante habrá alcanzado el nivel A1 del Marco Común Europeo de Referencia para las Lenguas.

Cada unidad tiene la siguiente estructura:

Una página doble de **portadilla** presenta los objetivos, activa los conocimientos previos e introduce el tema de la unidad.

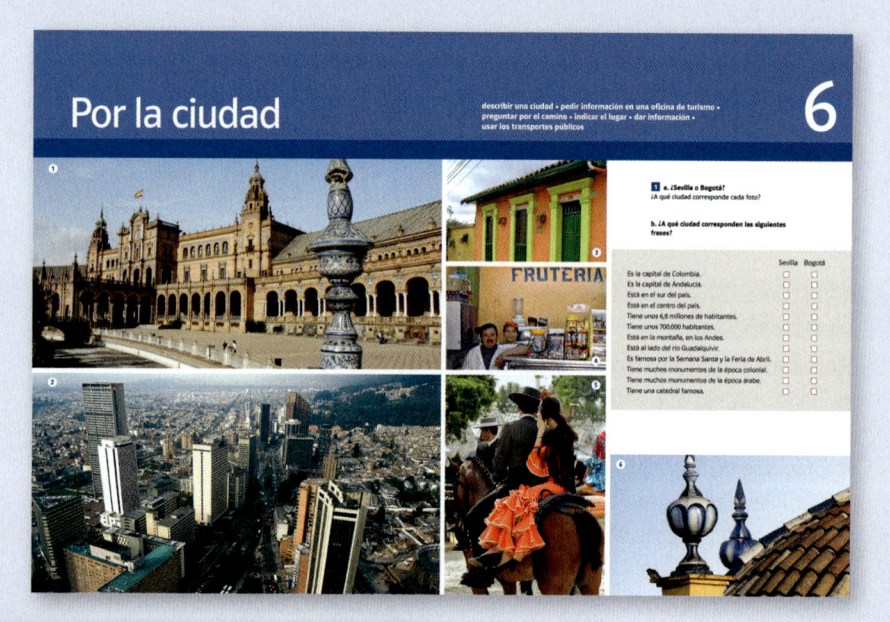

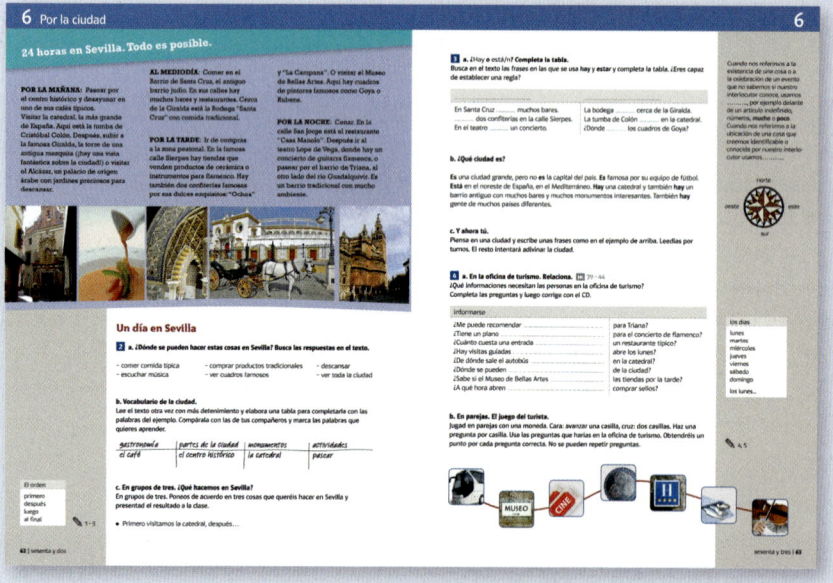

**Tres páginas dobles** forman el corazón de la unidad. Contienen textos vivos e informativos para familiarizarse con el idioma y actividades para aplicar de inmediato lo aprendido.

Una **tarea final** servirá para convertir los conocimientos adquiridos en algo práctico para la vida real. Junto con sus compañeros, el estudiante elaborará un "producto" que podrá guardar en el dosier de su portfolio.

**¿Qué me llevo de esta etapa?** es una sección ideada para dar cabida las necesidades personales del alumno. Aquí reflexionará sobre los aspectos de la unidad necesarios para él, conocerá las estrategias que ha usado consciente o inconscientemente y encontrará consejos que le facilitarán el aprendizaje.

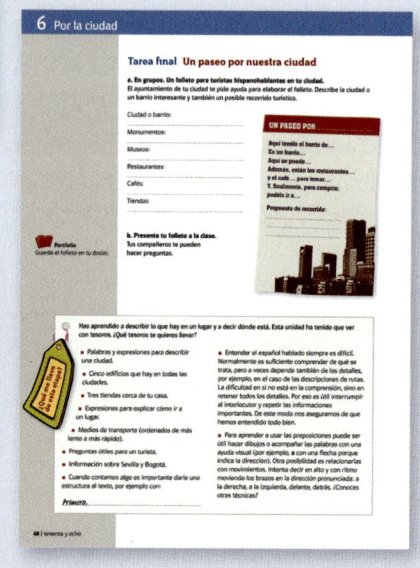

En el apartado **Panamericana**, una persona que habla de su propio país toma la palabra. De esta manera, a lo largo del manual se realiza un interesante recorrido cultural por toda Latinoamérica.

La doble página final es una recopilación de **recursos comunicativos** y **contenidos gramaticales**.

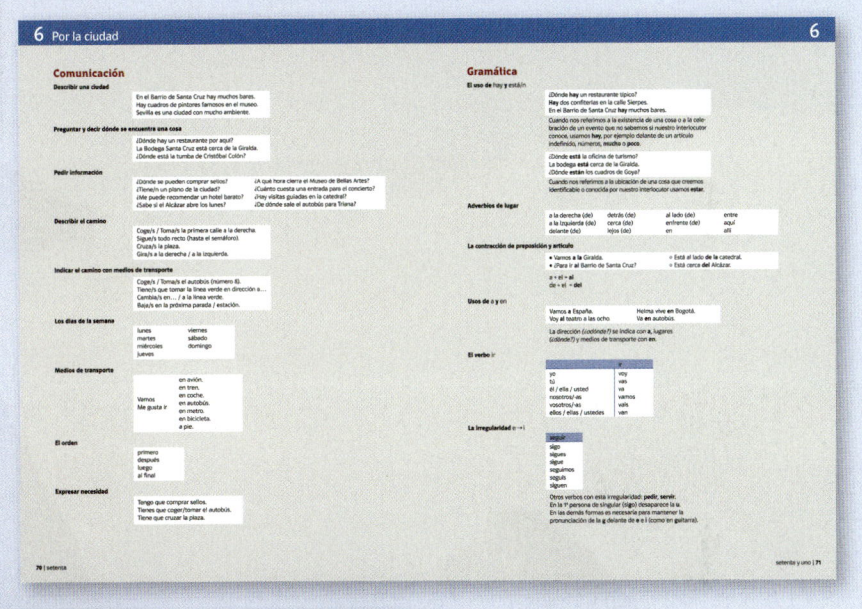

Las unidades 4, 8 y 12 son **unidades de revisión**. Se llaman **Mirador** porque ofrecen una vista global sobre todos los conocimientos lingüísticos y culturales adquiridos. Además, permiten experimentar con las estrategias de aprendizaje y tratar los errores. Al final, el propio estudiante elaborará un juego para repetir la materia.

Símbolos utilizados en el libro:
- audiciones del libro junto con los números de las pistas del CD
- ejercicio adicional en el Cuaderno de ejercicios
- actividad que implica ir por la clase y preguntar a varios compañeros

siete | 7

# Viaje al español

**presentarse • saludar y despedirse • preguntar por el nombre • preguntar por palabras desconocidas • decir para qué se estudia español • los números del 0 al 10**

# 1

### 1 a. Palabras españolas.
Seguramente conoces algunas palabras en español. Relaciónalas con las fotos.

- [✓] culturas antiguas
- [ ] ruinas mayas
- [ ] las playas del Caribe
- [ ] el museo del Prado
- [ ] las ruinas de Machu Picchu
- [ ] café
- [ ] chocolate
- [ ] cactus

- [ ] sangría
- [ ] música
- [ ] flamenco
- [ ] guitarra
- [ ] catedral
- [ ] paella
- [ ] tacos
- [ ] pampa

### b. Un viaje al español. Escucha. ▶ 1
En la lista anterior marca las palabras que escuchas en la audición.

### c. Comparad los resultados.
¿Qué palabras has marcado? Enuméralas y compara tus resultados con los de tus compañeros.

- Uno: culturas antiguas

✏ 1, 2

| | |
|---|---|
| 0 | cero |
| 1 | uno |
| 2 | dos |
| 3 | tres |
| 4 | cuatro |
| 5 | cinco |
| 6 | seis |
| 7 | siete |
| 8 | ocho |
| 9 | nueve |
| 10 | diez |

# 1 Viaje al español

Penélope Cruz Sánchez  | Pablo Ruiz Picasso  | Frida Kahlo Calderón  | Gabriel García Márquez

## Hola, ¿cómo te llamas?

**2 a. Personas famosas.**
Arriba tienes los nombres completos de algunos famosos. ¿Son los nombres que usamos para hablar de ellos? ¿Conoces otras personas famosas del mundo de habla hispana?

**b. ¿Cómo se llaman las personas? Escucha.** 2–4
Escucha los tres diálogos y relaciona los apellidos con los nombres españoles más comunes.

| nombre | apellido 1 | apellido 2 |
|---|---|---|
| Alejandro | Rodríguez | Moreno |
| Ana María | Sánchez | Alonso |
| Antonio | García | Jiménez |
| Carmen | Martín | Muñoz |
| Cristina | Pérez | Gutiérrez |
| Francisco | Fernández | Ruiz |
| Javier | Gómez | Hernández |
| Manuel | González | Díaz |
| María | López | Álvarez |
| María José | Martínez | Romero |

● El uno es…

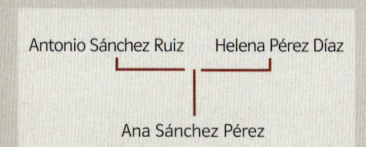

Generalmente, las personas de España y Latinoamérica tienen dos apellidos aunque no siempre se usan los dos. El primer apellido es el primer apellido del padre y el segundo el primer apellido de la madre. Las mujeres mantienen sus apellidos al casarse.

Antonio Sánchez Ruiz | Helena Pérez Díaz
Ana Sánchez Pérez

**tratarse de tú**
● ¿Cómo te llamas?
○ Me llamo…, ¿y tú?
● Soy…

**tratarse de usted**
● ¿Cómo se llama (usted)?
○ Me llamo…, ¿y usted?
● Me llamo…

**3 En cadena. ¿Cómo te llamas?**
Cada uno se presenta a sus compañeros.

● Me llamo Rita, ¿y tú?
○ Susanne. ¿Cómo te llamas?
■ Soy Robert.

## Saludos y despedidas

**4 a. Escucha otra vez.**
Escucha de nuevo los diálogos del ejercicio 2b y subraya los saludos o despedidas que aparecen. ¿Qué significan?

hola | adiós | buenos días | buenas tardes | buenas noches |
hasta pronto | hasta luego | hasta mañana

● "Hola" es *Hello*.
○ "Adiós" es…

10 | diez

**b. ¿Saludos o despedidas?**
Escribe las expresiones en la columna correspondiente.

| saludos | despedidas |
|---|---|
| ............................. | ............................. |
| ............................. | ............................. |
| ............................. | ............................. |
| ............................. | ............................. |

## ¿Cómo se pronuncia?

**5  a. Escucha estos nombres.** ▶▶ 5
Escucha estos nombres y marca las letras que tienen una pronunciación diferente en tu lengua.

Mallorca | Cristina Sánchez | José Jimeno | Gerardo García |
Zaragoza | Ecuador | Roberto Rodríguez | Antonio Muñoz | Chile |
Honduras | María Moreno | Quito

Se usa:
**Buenos días** hasta las 14 h.
**Buenas tardes** de 14 – 20 h.
**Buenas noches** después de las 20 h.

✎ 3, 4

**b. Escucha y lee los nombres. Luego completa las reglas de pronunciación.** ▶▶ 6

| | | ¿Cómo se pronuncian las letras? |
|---|---|---|
| **c** | Carmen<br>Cecilia | como ...............<br>pero ante ............ y ............ interdental como **th** en inglés |
| **ch** | Chema | como ............... |
| **g** | Gabriel, Gerardo<br>Miguel | como ............... pero ante ............ **e i** como ...............<br>en la combinación ............ y **gui** no se pronuncia la **u** |
| **h** | Hilda | no se pronuncia |
| **j** | Julia | como ............... |
| **ll** | Guillermo | como ............... |
| **ñ** | Toñi | como ............ en **Cognac** |
| **qu** | Joaquín | como ..............., la **u** no se pronuncia |
| **r** | Roberto<br>María | una sola **r** en medio de la palabra es vibrante y a principio de palabra y como **rr** es vibrante múltiple |
| **v** | Virginia, Eva | **v** y **b** suenan igual |
| **y** | Yolanda, Eloy | como ..............., al final de palabra como **i** |
| **z** | Azucena | como **th** en inglés |

En Latinoamérica y en algunas regiones de España no existen los sonidos interdentales: la **z** y la **c** ante **e** e **i** se pronuncia como una **s**.

**c. ¿Cómo se pronuncian estas palabras?**
Intentadlo. Una cada uno.

| la tortilla | la música | la información | el teatro | el español |
| la paella | la guitarra | la organización | el quiosco | el hotel |
| la playa | la geografía | la universidad | el concierto | el chocolate |

✎ 5, 6

once | 11

# 1 Viaje al español

### 6 Frases difíciles.
¿Cuántas frases puedes leer sin fallar? Primero, en grupos de cuatro, practicáis la lectura; después, cada miembro del grupo lee una frase sin parar en voz alta. El grupo consigue un punto por cada frase correcta.

1. ¿Cuántos cuentos cuenta Carmen?
2. Doña Antonia come castañas en otoño.
3. Gerardo Jiménez Juárez trabaja en Jerez.
4. Cecilia cena cinco cebollas.
5. Ocho gauchos escuchan chachachá.
6. Me llamo Guillermo y soy de Sevilla.
7. Jorge es un jurista genial de Gijón.
8. Rita corre rápido para robar rosas.

## Nombres favoritos

### 7 a. Nombres de bebé.
Antes de leer el texto responde a las siguientes preguntas:
¿Qué nombres de pila están de moda en tu país?
¿Hay diferencias regionales?

### b. Lee el texto.
¿Qué significan las palabras **favoritos**, **niños**, **niñas**? ¿Qué nombre te gusta más?

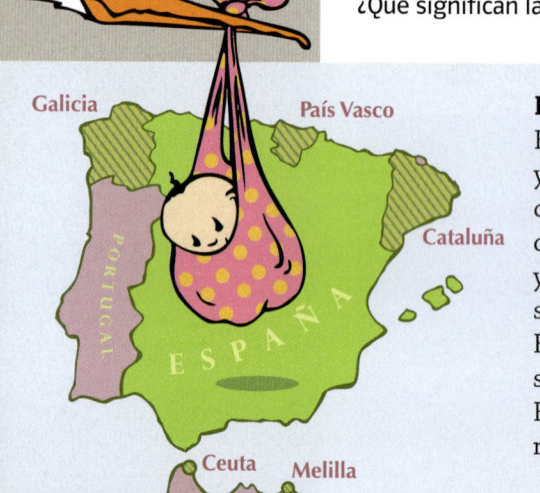

**Los nombres favoritos de bebé**
En España los nombres favoritos de 2008 son Alejandro, Daniel y Pablo para niños y Lucía, María y Paula para niñas. En las comunidades con dos lenguas oficiales los nombres favoritos son diferentes. Por ejemplo, en Cataluña los niños se llaman Marc, Alex y Pau, las niñas Paula, Carla y Laia. En el País Vasco muchos niños se llaman Iker, Unai y Ander, las niñas se llaman Irati, Ane y Naroa. En Galicia, además de María y Laura, los nombres favoritos de niña son Iria y Sabela, y de niño, Pablo y Adrián.
En Ceuta y Melilla, las ciudades españolas en el norte de África, los nombres favoritos son árabes: Mohamed, Adam, Salma y Mariem.

### 8 a. Mi identidad española.
Invéntate una nueva identidad combinando un nombre y un apellido españoles de la lista de nombres de la página 10 u otros nombres que conozcas.

*Me llamo* _____

### b. La identidad de tus compañeros/-as.
Levántate y saluda a algunos de tus compañeros. Preséntate con tu nuevo nombre. Pregunta por el nombre de los demás y despídete.

● Hola, ¿cómo te llamas?
○ Ana María Ruiz Moreno. ¿Y tú?
● Me llamo Antonio Pérez Díaz.
○ Hasta luego.
● Adiós.

12 | doce

## Palabras con historia

**9** **a. El español, una lengua con historia.**
Lee el texto sobre la procedencia de las palabras españolas y subraya todas las palabras que entiendes.

> Todas las lenguas son el resultado de la historia y de muchas influencias.
> El 80 % de las palabras del español viene del latín, por ejemplo *la universidad, la familia, el trabajo, el metal;* el resto viene de otras lenguas. Muchas palabras son del árabe, como *el aceite, el arroz, la taza, el alcohol, la naranja,* o del griego, como *el teatro, la biblioteca, la geografía, el carácter.*
> Otras palabras vienen de las lenguas indígenas de América: *el tabaco, el cóndor, el chocolate, el gaucho, la pampa.* Los tomates también son "americanos".
> Hoy el inglés es el origen de muchas palabras nuevas: *el champú, el cámping* y *el fútbol.*

80% se dice "ochenta por ciento"

**b. Aceite significa...**
Ahora pregunta por el significado de las palabras que no entiendes en el texto.

- ¿Qué significa...?
- ...

**¿Qué significa?**
- ¿Qué significa "aceite"?
- ¿"Taza" significa...?
- Sí. / No. / No sé.

**10** **a. El artículo determinado.**
Completa la tabla y escribe en cada casilla un ejemplo más de las palabras que aparecen en el texto. Fíjate en las terminaciones. ¿Descubres alguna regla? ¿Cómo se forma el plural?

|  | masculino | femenino |
|---|---|---|
| singular | **el** teatr............<br>**el** metal<br>................................ | **la** palabr........<br>**la** universidad<br>................................ |
| plural | **los** teatro**s**<br>**los** metal**es**<br>................................ | ............ palabra**s**<br>............ universidad**es**<br>................................ |

Las palabras españolas son masculinas o femeninas. Generalmente las palabras masculinas terminan en ............, las femeninas en ............. Hay que estudiar el resto de las palabras junto con el artículo u otras palabras que las acompañen.

Para formar el plural se añade una ............ cuando las palabras terminan en vocal. Cuando terminan en consonante se añade ............

**b. En cadena. Singular y plural.**
Un compañero dice una palabra, el siguiente forma el plural y dice una palabra nueva.

- La guitarra.
- Las guitarras. El cóndor.
- Los cóndores. ...

7, 8

trece | **13**

# 1 Viaje al español

### 11 Bingo de palabras.
Escribe ocho palabras de la unidad. Tu profesor dirá unas palabras que aparecen al final de la página 19. Tacha las que coincidan con las tuyas. El primero en tachar una línea completa dirá ¡Bingo!.

| el ............... | la ............... | los ............... | las ............... |
|---|---|---|---|
| el ............... | la ............... | los ............... | las ............... |

## ¿Para qué estudias español?

### 12 Escucha y marca los motivos. ▶▶ 7
¿Para qué estudian español estos cuatro alumnos?

Estudio español…
- ☐ para viajar a Latinoamérica.
- ☐ para trabajar en un hotel en Tenerife.
- ☐ para estudiar en España.
- ☐ para trabajar en México.
- ☐ para pasar las vacaciones en Málaga.
- ☐ para hablar con la familia de mi pareja.

*¿Para qué estudias español?*

### 13 a. Verbos en -ar. Completa.
Para preguntar por los motivos de tus compañeros necesitas las formas verbales. Completa la tabla con los verbos regulares en -ar.

|  | estudi**ar** | habl**ar** |
|---|---|---|
| yo | estudi**o** | .............. |
| tú |  | hablas |
| él / ella / usted | estudi**a** | .............. |
| nosotros / nosotras | estudi**amos** | .............. |
| vosotros / vosotras | estudi**áis** | .............. |
| ellos / ellas / ustedes | estudi**an** | .............. |

En español sólo se usan los pronombres personales para resaltar a la persona en oposición a otra o si no está claro de quién se habla. Para el trato formal se usa **usted** cuando nos dirigimos a una persona y **ustedes** cuando nos dirigimos a más de una. En Latinoamérica no se usa **vosotros** sino **ustedes**.

### b. ¿Tú o usted?
Di si el trato en las siguientes preguntas es de tú o de usted y si se trata de una persona o más.

1. ¿Habla usted inglés?
2. ¿Trabajáis en un hotel?
3. ¿Escuchas música clásica?
4. ¿Para qué estudian español?
5. ¿Pasan ustedes las vacaciones en España?
6. ¿Compráis un apartamento en Tenerife?

✏ 9–11

### c. Escucha y marca si las personas se hablan de tú o de usted. ▶▶ 8–11
Escucha los cuatro diálogos y marca si el trato es de tú o de usted. ¿Qué relación mantienen las personas? ¿En tu país las personas en estos casos se hablarían de tú o de usted?

|  | 1 | 2 | 3 | 4 |
|---|---|---|---|---|
| tratarse de tú |  |  |  |  |
| tratarse de usted |  |  |  |  |

## 14  a. Estudio español para…
Anota con ayuda de los datos siguientes para qué estudias español.

| | |
|---|---|
| viajar a | Argentina / Cuba / México… |
| trabajar en | Madrid / Lima / Bogotá… |
| pasar las vacaciones en | Mallorca / Andalucía… |
| estudiar en | España / la universidad… |
| hablar con | amigos / la familia de mi pareja… |
| … | … |

*Estudio español para viajar a…*

### b. Los motivos del grupo.
Pregunta a tres de tus compañeros y anota sus motivos.

● Karin, ¿para qué estudias español?
○ Estudio español para viajar a Perú, ¿y tú?

| nombre | motivo |
|---|---|
| 1. |  |
| 2. |  |
| 3. |  |

✏ 12–15

### c. Presenta ahora los resultados.
¿Hay coincidencias?

● Lucile estudia español para viajar a Perú.
○ Inge y yo estudiamos español para hablar con amigos en España.

quince | 15

# 1 Viaje al español

**Portfolio**
Ya puedes elaborar el primer producto para el dosier de tu portfolio: un dominó.

## Tarea final  Dominó español

### a. La preparación.
Preparad en grupos de tres tarjetas para un dominó. Para cada categoría de la lista escribid dos palabras situándolas en dos tarjetas diferentes, por ejemplo:

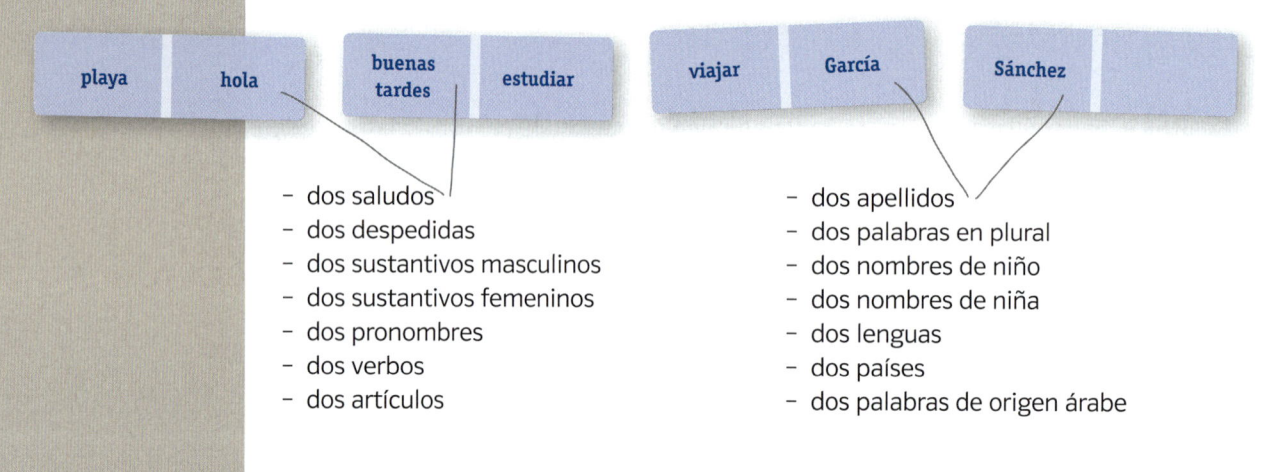

| playa | hola | | buenas tardes | estudiar | | viajar | García | | Sánchez |

- dos saludos
- dos despedidas
- dos sustantivos masculinos
- dos sustantivos femeninos
- dos pronombres
- dos verbos
- dos artículos

- dos apellidos
- dos palabras en plural
- dos nombres de niño
- dos nombres de niña
- dos lenguas
- dos países
- dos palabras de origen árabe

### b. El juego.
Ahora vais a jugar en grupos de tres. Cada uno recibe el mismo número de tarjetas cubiertas y las descubre cuando sea su turno. Las palabras relacionadas de diferentes tarjetas se ponen juntas, por ejemplo, dos saludos, nombre y apellido, artículo y nombre, etc. El que no pueda colocar ninguna pasa. El primero en quedarse sin tarjetas es el ganador.

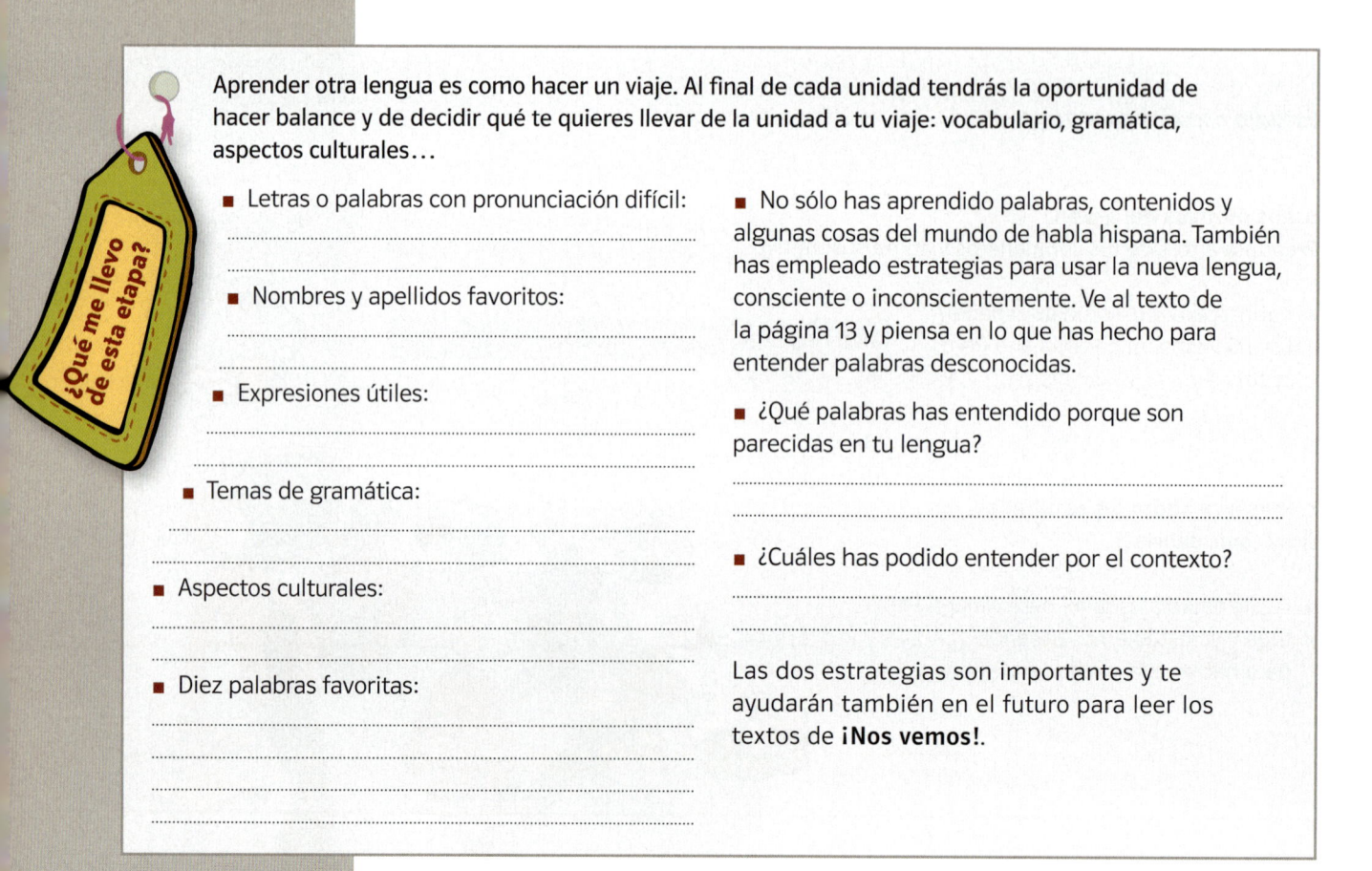

---

¿Qué me llevo de esta etapa?

Aprender otra lengua es como hacer un viaje. Al final de cada unidad tendrás la oportunidad de hacer balance y de decidir qué te quieres llevar de la unidad a tu viaje: vocabulario, gramática, aspectos culturales…

- Letras o palabras con pronunciación difícil:
  ...................................................
  ...................................................

- Nombres y apellidos favoritos:
  ...................................................
  ...................................................

- Expresiones útiles:
  ...................................................
  ...................................................

- Temas de gramática:
  ...................................................
  ...................................................

- Aspectos culturales:
  ...................................................
  ...................................................

- Diez palabras favoritas:
  ...................................................
  ...................................................

■ No sólo has aprendido palabras, contenidos y algunas cosas del mundo de habla hispana. También has empleado estrategias para usar la nueva lengua, consciente o inconscientemente. Ve al texto de la página 13 y piensa en lo que has hecho para entender palabras desconocidas.

■ ¿Qué palabras has entendido porque son parecidas en tu lengua?
...................................................
...................................................

■ ¿Cuáles has podido entender por el contexto?
...................................................
...................................................

Las dos estrategias son importantes y te ayudarán también en el futuro para leer los textos de ¡**Nos vemos!**.

16 | dieciséis

# 1

**Ciudad de México – una metrópolis**

**la Patagonia**

**el café**

**arquitectura colonial**

**el lago Titicaca**

## Panamericana

**De Norte a Sur: la Panamericana.**
La Panamericana es una ruta fascinante por el continente americano. De Norte a Sur, desde Alaska hasta Argentina, esta ruta pasa por 17 países (si contamos la ruta principal y las secundarias), cuatro zonas climáticas y culturas muy diferentes con sus lenguas, sus músicas, su gastronomía y sus paisajes impresionantes. Cada lección de **¡Nos vemos!** presenta una etapa de esta ruta.

**a. Escucha y marca en el mapa los países que se mencionan.**
▶▶ 12

**b. Escucha otra vez y relaciona las fotos con los países.**
¿Qué países te gustaría conocer?

diecisiete | **17**

# 1 Viaje al español

## Comunicación

**Saludarse y despedirse**

| | |
|---|---|
| Hola. | Adiós. |
| Buenos días. | Hasta luego. |
| Buenas tardes. | Hasta pronto. |
| Buenas noches. | Hasta mañana. |

**Los números hasta 10**

| | | | | | |
|---|---|---|---|---|---|
| 0 | cero | 4 | cuatro | 8 | ocho |
| 1 | uno | 5 | cinco | 9 | nueve |
| 2 | dos | 6 | seis | 10 | diez |
| 3 | tres | 7 | siete | | |

**Preguntar por el nombre**

- ¿Cómo te llamas?
- ¿Cómo se llama usted?

**Presentarse y reaccionar**

- Me llamo Rosa, ¿y tú?
- Soy Carmen.

- Me llamo Eva Santos, ¿y usted?
- Me llamo Pablo Gómez.

**Preguntar por el significado**

- ¿Qué significa "aceite"?
- ¿"Aceite" significa...?
- ¿"Arroz" significa ....?

**Decir para qué se estudia español**

Estudio español para viajar a Guatemala.
Estudio español para hablar con mi pareja.
Estudiamos español para comprar una casa en Mallorca.

## Gramática

**El artículo definido**

| | masculino | femenino |
|---|---|---|
| Singular | **el** teatro | **la** palabra |
| Plural | **los** teatros | **las** palabras |

**El género de los sustantivos**

| masculino | femenino |
|---|---|
| el teatro | la paella |
| el flamenco | la playa |
| el señor | la señora |
| el chocolate | la noche |
| el hotel | la universidad |

Las palabras españolas son masculinas o femeninas. Los sustantivos que terminan en **-o** son generalmente masculinos; los que terminan en **-a**, femeninos (hay excepciones: **el día, el problema, la mano**...). Son femeninos los que terminan en **-ción** y **-dad**. Los sustantivos que terminan en **-e** pueden ser masculinos o femeninos.

18 | dieciocho

## El plural de los sustantivos

|  | vocal + **s** |  | consonante + **es** |  |  |
|---|---|---|---|---|---|
| Singular | teatro | playa | universidad | hotel | región |
| Plural | teatro**s** | playa**s** | universidad**es** | hotel**es** | region**es** |

Las palabras que terminan en consonante y que llevan tilde en la última sílaba la pierden en plural.

## Los pronombres personales

| yo | nosotros, nosotras |
|---|---|
| tú | vosotros, vosotras |
| él | ellos |
| ella | ellas |
| usted | ustedes |

## El tratamiento

| tú | usted |  |
|---|---|---|
| ¿Hablas español? | ¿Habla (usted) español? | *una persona* |
| ¿Estudiáis inglés? | ¿Estudian (ustedes) inglés? | *2 o más personas* |

## Verbos regulares en –ar

|  | estudi**ar** |
|---|---|
| yo | estudi**o** |
| tú | estudi**as** |
| él / ella / usted | estudi**a** |
| nosotros / nosotras | estudi**amos** |
| vosotros / vosotras | estudi**áis** |
| ellos / ellas / ustedes | estudi**an** |

Se usan los pronombres personales **yo**, **tú** ... sólo cuando queremos resaltar la persona por oposición a otra o para evitar confusiones. Cuando el trato es formal y nos dirigimos a una sola persona, usamos **usted**; cuando nos dirigimos a más de una persona, **ustedes**. En Latinoamérica no se usa **vosotros/as**, incluso cuando se tutea a varias personas se usa **ustedes**.

---

**11 Bingo de palabras.**
el café, la playa, la guitarra, los nombres, el cactus, las lenguas, los tacos, el teatro, los niños, la geografía, las palabras, los tomates, la música, el español, las ciudades, el chocolate

# Primeros contactos

presentarse • decir el lugar de procedencia • preguntar por el estado físico o anímico • deletrear • preguntar por el número de teléfono y la dirección de correo electrónico • decir la profesión e indicar el lugar de trabajo • negar una frase

# 2

# Gracias
a la Obra Social de la Caixa muchas personas con problemas de integración laboral tienen un trabajo.

Obra Social
Fundación "la Caixa"

**1** **a. Mira las fotos y escucha la grabación.** ▶▶ 13
¿Cuál de las personas habla?

**b. Escucha otra vez.**
¿Cuál de los siguientes datos es correcto?

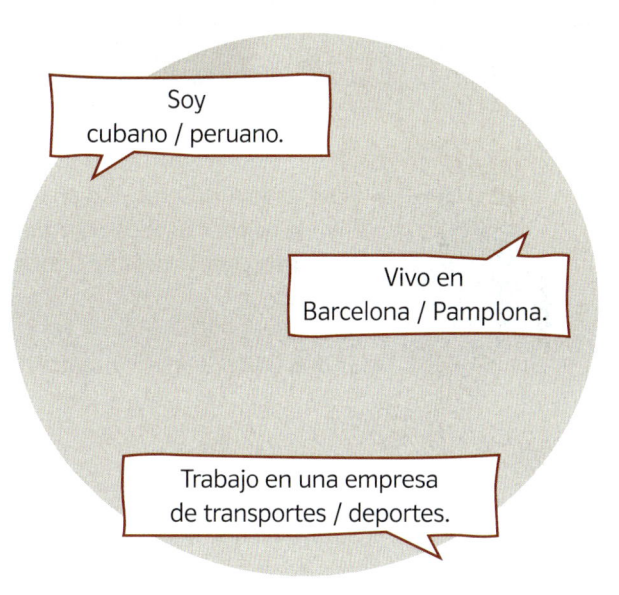

Soy cubano / peruano.

Vivo en Barcelona / Pamplona.

Trabajo en una empresa de transportes / deportes.

**c. ¿Qué nombres de profesiones entiendes?**
¿Qué profesiones tienen las personas de las fotos?

médico/-a
informático/-a
ingeniero/-a
economista
secretario/-a
jardinero/-a
operario/-a

veintiuno | **21**

# 2 Primeros contactos

## Mucho gusto

**2** **a. La Fundación "la Caixa" organiza un congreso. Lee y escucha los diálogos.** ▶▶ 14–16
Marca en el texto cómo se reacciona cuando otra persona se presenta. ¿Entiendes cuándo se dice **encantado** y cuándo **encantada**?

**Encantado** se usa cuando
..............................................,
**encantada**, cuando
.............................................. .

**Mucho gusto** siempre funciona.

1.
● Buenas tardes, soy Nuria Ribas, la organizadora del congreso.
○ Mucho gusto, señora Ribas. Soy Marc Martí.
● Encantada. ¿Es usted de Cataluña?
○ Sí.
● Ah, yo también. ¿De dónde es usted?
○ De Tarragona.
● Yo, de Barcelona.

2.
● Hola, Antonio. ¿Cómo estás?
○ Bien, gracias. Y tú, Ricardo, ¿qué tal?
● Muy bien. Oye, tú eres de aquí, de Bilbao, ¿verdad?
○ Sí, sí…
● Es que busco un hotel barato.

3.
● Hola, ¿qué tal? Soy Margarita Fuentes.
○ Encantado. Me llamo Gabriel Vargas.
■ Y yo soy Ana Segura. ¿De dónde eres, Margarita?
● De Salamanca. ¿Y vosotros?
■ Nosotros somos de Guadalajara, en México.

**b. En grupos de dos o tres. Leed uno de los diálogos.**
Sustituye en uno de los diálogos los nombres y los lugares de procedencia por los tuyos y léelo en alto.

**c. Completa con las expresiones de los diálogos.**
¿Cómo preguntan por el estado físico y la procedencia las personas de los diálogos anteriores?

| formal | informal | reacción |
| --- | --- | --- |
| ● ¿Cómo está usted? | ● ¿Cómo.................. <br> ● ¿Qué tal? | ○ Muy bien, gracias. <br> ○ Bien, gracias, ¿y tú / usted? |
| ● ¿De dónde es usted? <br> ● .............................................. | ● .............................................. <br> ● ¿Eres de Bilbao? | ○ Soy de Colonia / Viena. <br> ○ Sí. / No, soy de Londres. |

**3** **¿De dónde son?** 👣
Preséntate y pregunta a cinco compañeros cómo están y de dónde son.
¿Quién es del país más lejano?

### 4 El verbo ser.

Mira las formas del verbo **ser** y completa las frases.

1. La señora Ribas ............................ la organizadora del congreso.
2. Me llamo Margarita Fuentes y ............................ de Salamanca.
3. Ana y Gabriel ............................ de México.
4. Tú ............................ de aquí, ¿verdad?
5. Marc y tú, ¿............................ de Tarragona?
6. Ana y yo ............................ de Guadalajara.

|  | ser |
| --- | --- |
| yo | soy |
| tú | eres |
| él / ella / usted | es |
| nosotros/-as | somos |
| vosotros/-as | sois |
| ellos/-as / ustedes | son |

✏ 1–4

## ¿Cómo se escribe?

### 5 a. Escucha el alfabeto en español. ▶ 17

Los participantes del congreso se inscriben. Para ello es importante saber cómo se deletrea su nombre. Escucha el alfabeto español. ¿Qué letras se diferencian de la pronunciación en tu lengua?

| **A** a | **B** be | **C** ce | **Ch** che | **D** de |
| --- | --- | --- | --- | --- |
| **E** e | **F** efe | **G** ge | **H** hache | **I** i |
| **J** jota | **K** ka | **L** ele | **Ll** elle | **M** eme |
| **N** ene | **Ñ** eñe | **O** o | **P** pe | **Q** cu |
| **R** erre | **S** ese | **T** te | **U** u | **V** uve |
| **W** uve doble | **X** equis | **Y** i griega | **Z** zeta | |

**é** e con acento
**ü** u con diéresis
**M** eme mayúscula
**m** eme minúscula

en Latinoamérica:
**b** be larga
**v** be corta

En español hay pocos casos de aparición de una consonante seguida de otra igual. Sólo **c**, **r**, **l** y **n**. **rr** y **ll** se pronuncian con un solo sonido. **cc** y **nn** se pronuncian como dos sonidos.

### b. Escucha. ¿Qué letra es? ▶ 18

Escucha y une las letras de la tabla de arriba en el orden de aparición en la audición. ¿Qué sale?

### 6 a. En parejas. Tu nombre español.

Deletrea tu nombre real o el nombre español que escogiste en la primera unidad.

- Me llamo Ana Pillado.
- ¿Cómo se escribe el apellido?
- Pe – i – elle – a – de – o.

¿Cómo se escribe…?
- ¿Pillado se escribe con i griega?
- No, con elle.
- ¿Con acento o sin acento?
- Sin acento.

### b. Una palabra difícil.

Piensa en una palabra difícil (en tu lengua o española) y deletréala en español. La persona que la adivine antes puede deletrear la siguiente palabra.

### c. ¿Qué significa?

ie – ese – te – u – de – i – o     e – ese – pe – a – eñe – o – ele
ce – o – ene     ge – u – ese – te – o!

✏ 5, 6

# 2 Primeros contactos

@ arroba
. punto
- guión
_ guión bajo

En España: el móvil
En Latinoamérica: el celular

## Información personal

**7** **a. Los datos de Sofía.** ▶▶ 19
Los participantes del congreso intercambian los números de teléfono y las direcciones de correo electrónico. Escucha y completa la ficha.

**Nombre:** Sofía Romero Jiménez
**Correo electrónico:** ....................
**Teléfono:** ....................

**b. Los datos de tus compañeros.**
Levántate y pregunta a cinco compañeros por su número de teléfono y su dirección de correo electrónico. Anótalos.

| teléfono y correo electrónico |
|---|
| • ¿Cuál es tu / su teléfono? |
| • ¿Cuál es tu / su número de móvil? |
| ○ Es el 2-4-5-6-7-7-8. |
| • ¿Tiene/s correo electrónico? |
| ○ Sí, es rosa@difusion.com. |

| tener | |
|---|---|
| yo | **tengo** |
| tú | ti**e**nes |
| él / ella / usted | ti**e**ne |
| nosotros/-as | tenemos |
| vosotros/-as | tenéis |
| ellos/-as / ustedes | ti**e**nen |

**8** **a. Pregunta a dos compañeros…**
Pregunta a dos compañeros si tienen las cosas de la lista. Tienes que encontrar dos cosas que coinciden.

una guitarra eléctrica | un diccionario de español | amigos latinoamericanos |
un trabajo interesante | un jefe autoritario | amigos españoles | hijos |
un móvil con cámara | un músico en la familia | un nombre con la letra "s"

• ¿Tiene/s un diccionario de español?
○ Sí. / No.

| el artículo indefinido | |
|---|---|
| masculino: | **un** diccionario |
| femenino: | **una** guitarra |

**b. Presenta ahora los resultados.**

• Laura y yo tenemos un trabajo interesante y amigos españoles.

**9** **¿Quién es quién? Completa la tabla.**

Antonio es de Caracas. Guadalupe trabaja en un hotel internacional. El ingeniero se llama García Ruiz. La recepcionista es de Buenos Aires y se llama Palaoro de apellido. Pilar estudia en la universidad de Granada. La estudiante se llama Gómez Moreno.

| nombre y apellido(s) | profesión | ciudad |
|---|---|---|
| | | |
| | | |
| | | |

24 | veinticuatro

# Tengo un trabajo interesante

**10 a. Una persona de la página 20 habla de su trabajo.**
Lee el texto y completa el formulario de la derecha.

Me llamo Verónica Borja Martínez. Soy de Valencia pero ahora vivo en Sevilla. Gracias al programa de la Obra Social tengo trabajo. Soy secretaria en una empresa que vende instrumentos musicales. En la oficina trabajo con una compañera: escribimos cartas y correos electrónicos, hablamos por teléfono…, pero además yo organizo conciertos (reservo hoteles, busco salas para los conciertos, tengo contacto con músicos…). Es un trabajo interesante porque siempre aprendo cosas nuevas.
En mi trabajo es importante hablar inglés. También hablo un poco de italiano y estudio alemán en una escuela de idiomas.
Soy la representante de la empresa en el congreso de "la Caixa" en Bilbao. Mañana viajo a Bilbao para intercambiar ideas sobre el tema de la integración laboral.

Nombre:
Apellidos:
Lugar de nacimiento: Valencia
Lugar de residencia:
Profesión:
Función especial:

Idiomas:

**b. Las actividades de Verónica.**
Marca en el texto las cosas que hace Verónica. ¿Qué verbos conoces?
¿Cuáles son nuevos? ¿Cuál es la terminación de la primera persona de estos verbos?

**c. Verbos en -er y verbos en -ir. Completa la tabla.**
Completa la tabla de los verbos regulares en –**er** e –**ir** y compara: ¿qué formas tienen las mismas terminaciones? ¿Cuáles son diferentes?

|  | aprend**er** | viv**ir** |
|---|---|---|
| yo |  |  |
| tú | aprend**es** | viv**es** |
| él / ella / usted | aprend**e** | viv**e** |
| nosotros / nosotras | aprend**emos** | viv**imos** |
| vosotros / vosotras | aprend**éis** | viv**ís** |
| ellos / ellas / ustedes | aprend**en** | viv**en** |

7-10

**11 Completa este folleto con la forma correcta de los verbos.**

## LA CASA DE LA MÚSICA

¿ _Vives_ en Sevilla? ¿_____ (aprender) piano? ¿O _____ (ser) músico y no _____ (tener) piano?
¿_____ (buscar) una sala de conciertos?
Nosotros _____ (tener) la solución para tus problemas: _____ (organizar) tus conciertos y _____ (reservar) la sala.
En resumen: vivimos para la música.

¡Esperamos tu visita!      casamusica@teleline.es

# 2 Primeros contactos

**12** **a. Escribe cuatro frases sobre el texto de Verónica.**
Escribe cuatro frases sobre el texto con ayuda de los siguientes datos. Escribe dos con la información correcta y otros dos con información falsa.

| Verónica / Las dos chicas | ser | secretaria / profesora / pianista |
|---|---|---|
| | hablar | inglés / francés / español / alemán / italiano |
| | organizar | congresos / conciertos / programas de integración |
| | vivir | en Sevilla / en Valencia / en Málaga |
| | aprender | idiomas / guitarra / piano |
| | vender | instrumentos musicales / cámaras fotográficas |

**b. Lee tus frases. Tus compañeros reaccionan.**
Lee las frases en alto. El resto de la clase tiene que detectar cuáles son las falsas y decir la información correcta.

- Las dos chicas organizan congresos.
- No, las dos chicas no organizan congresos, organizan conciertos.

### la negación

Verónica **no** es profesora.
Las chicas **no** organizan congresos.

- ¿Hablas francés?
- **No, no** hablo francés.

**No** se coloca siempre delante del verbo.

✏️ 11-13

## La profesión y el lugar de trabajo

**13** **a. Las profesiones mejor valoradas.**
En el gráfico de abajo puedes ver cuáles son algunas de las profesiones mejor valoradas por los españoles. Cada uno de vosotros elige cuatro profesiones y les asigna uno, dos, tres y cuatro puntos. Después cada uno dice sus favoritas y la puntuación. Un miembro del grupo anota los puntos y presenta los resultados. ¿Coinciden con los del gráfico?

- Médico, cuatro puntos; arquitecto, tres puntos...
- ...
- Las profesiones mejor valoradas en la clase son: médico con ocho puntos, ...

Algunas de las profesiones mejor valoradas por los españoles

médico/-a | enfermero/-a | profesor/a | arquitecto/-a | informático/-a | fontanero/-a | veterinario/-a | escritor/a

26 | veintiséis

### b. ¿Puedes añadir una profesión en cada grupo?

| -o → -a | -or → -ora | masculino = femenino |
|---|---|---|
| enfermero / enfermera<br>empleado / empleada<br>camarero / camarera | profesor/a<br>programador/a<br>director/a | dentista<br>policía<br>representante |
| ............................................. | ............................................. | ............................................. |

Muchos nombres de profesión tienen una forma masculina y femenina. Las terminaciones **-ista**, **-ía** y **-e** valen para los dos géneros. Actualmente se tiende a crear una forma femenina para las profesiones en **-e**, p. ej. **presidenta**.

### c. ¿Dónde trabajan?
Un alumno piensa en una profesión y el resto de la clase tiene que adivinarlo haciendo preguntas sobre el lugar de trabajo.

un hospital | un supermercado | un bar |
un hotel | una oficina | un restaurante |
una escuela | una empresa | un banco

- ¿Trabaja en un hospital?
- No.
- ¿En un bar?
- Sí.
- ¿Es camarero?

### 14 a. ¿Qué haces?
Pregunta a tres compañeros por su profesión y anota los resultados.

| preguntar por la profesión | |
|---|---|
| • ¿Qué haces/hace?<br>• ¿Dónde trabajas/trabaja? | ○ Soy programador/a.<br>○ Estoy jubilado/-a.<br>○ Trabajo en un banco / en una fábrica...<br>○ Soy ama de casa. |

### b. Presentad los resultados.

- Antonia y David trabajan en una empresa internacional.

### 15 Los datos personales de Verónica.
Haz las preguntas correspondientes a la información.

1. ¿............................................................................? Verónica Borja Martínez.
2. ¿............................................................................? En Sevilla.
3. ¿............................................................................? Soy secretaria.
4. ¿............................................................................? En "La Casa de la Música".
5. ¿............................................................................? Sí, inglés y también italiano.

### 16 Escucha y corrige los datos de la tarjeta de visita. ▶▶ 20

**Tecnochip Servicios Informáticos**

Analía González
Técnica

Avenida Orinoco, 19
1010 Caracas
Tel 0212 / 991 85 57
anago@tecno.com

14–17

# 2 Primeros contactos

## Tarea final  Compañeros de clase

**a. En parejas. Completad las fichas con los datos de dos compañeros.**
Elige a dos compañeros de clase e intenta recordar la información necesaria para rellenar estas fichas. A continuación haz preguntas para completar los datos que te falten.

```
Nombre ...........................................
Apellido ...........................................
Profesión ...........................................
Lugar de residencia ...........................................
Idiomas ...........................................
Estudia español para ...........................................
Correo electrónico ...........................................
```

```
Nombre ...........................................
Apellido ...........................................
Profesión ...........................................
Lugar de residencia ...........................................
Idiomas ...........................................
Estudia español para ...........................................
Correo electrónico ...........................................
```

**Portfolio**
Añade el texto al dosier de tu portfolio.

**b. Mis compañeros.**
Resume la información en un texto breve.

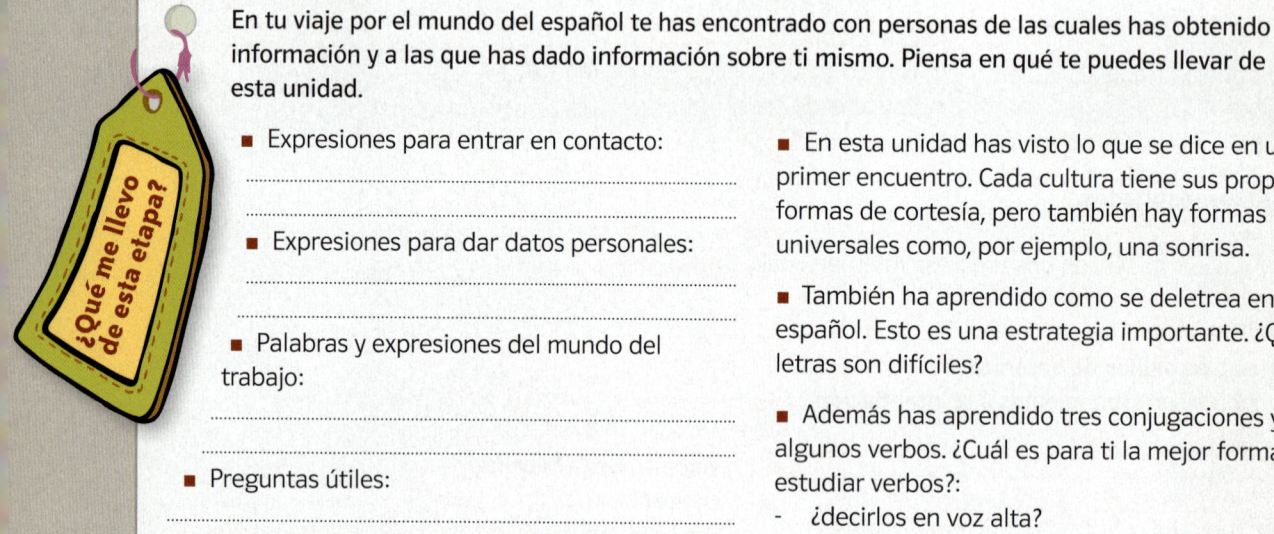

### ¿Qué me llevo de esta etapa?

En tu viaje por el mundo del español te has encontrado con personas de las cuales has obtenido información y a las que has dado información sobre ti mismo. Piensa en qué te puedes llevar de esta unidad.

- Expresiones para entrar en contacto:
  ....................................................
  ....................................................

- Expresiones para dar datos personales:
  ....................................................
  ....................................................

- Palabras y expresiones del mundo del trabajo:
  ....................................................
  ....................................................

- Preguntas útiles:
  ....................................................
  ....................................................

- Aspectos de gramática:
  ....................................................
  ....................................................

- Aspectos culturales interesantes:
  ....................................................
  ....................................................

- ¿Qué palabras de esta unidad no son tan importantes para ti?

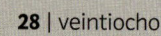

- En esta unidad has visto lo que se dice en un primer encuentro. Cada cultura tiene sus propias formas de cortesía, pero también hay formas universales como, por ejemplo, una sonrisa.

- También ha aprendido como se deletrea en español. Esto es una estrategia importante. ¿Qué letras son difíciles?

- Además has aprendido tres conjugaciones y algunos verbos. ¿Cuál es para ti la mejor forma de estudiar verbos?:
  - ¿decirlos en voz alta?
  - ¿copiarlos varias veces?
  - ¿aprenderse las terminaciones de memoria?
  - ¿aprender ejemplos de uso en frases?

Elabora en tu cuaderno una página con un ejemplo por cada grupo de conjugación. Poco a poco puedes añadir en el grupo correspondiente todos los verbos que aparezcan y así tener tu propia lista para consultar.

# Panamericana

**En México con Víctor.**
En nuestra primera etapa en el recorrido por la Panamericana, Víctor nos muestra su álbum de fotos y nos presenta su país.

¡Hola! Me llamo Víctor y soy mexicano, de México D. F., la capital (las letras D. F. significan Distrito Federal). Soy profesor de español para estudiantes como ustedes.

Pero hablamos de mi país: en México hablamos español, pero existen también unas 60 lenguas indígenas, por ejemplo el náhuatl. Las palabras "tomate" y "cacao" vienen del náhuatl.
- *¿Y tú? ¿Recuerdas otras palabras que proceden de las lenguas indígenas de Latinoamérica?*

**Chichén Itzá**

tortillas de maíz

La comida mexicana es excelente: los tacos, el guacamole y las famosas tortillas de maíz (con chile, tomate o queso). ¡Qué rico!
- *¿Y tú? ¿Conoces platos típicos mexicanos o algún restaurante de comida mexicana?*

En México la cultura se escribe con mayúscula. Tenemos grupos de música tradicional como los mariachis, pero también grupos de rock como los famosos Maná. También el cine mexicano tiene mucha tradición y una reputación internacional con películas como *Amores perros*. Durango, por ejemplo, es una ciudad que vive de la industria del cine.
- *¿Y tú? ¿Conoces otras películas de origen mexicano o de otro país hispanoamericano? ¿Y españolas?*

Y al final: la historia. Los monumentos de la civilización maya son únicos. Chichén Itzá, Palenque y Uxmal son ciudades mayas fascinantes para visitar.
- *Y ahora tú: ¿te atreves a deletrear los nombres de estas ciudades mayas?*

¡Chao y buen viaje a Guatemala, la próxima etapa en la Panamericana!

**¿Preparados para México?**
Las casillas resaltadas forman una palabra de origen indígena que tiene relación con la próxima unidad.

1. comida típica mexicana
2. lengua indígena
3. grupo de música tradicional
4. civilización antigua
5. "adiós" en Latinoamérica

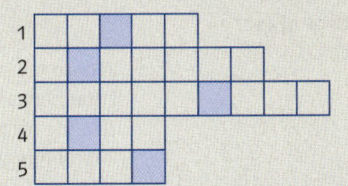

el grupo de rock Maná

# 2 Primeros contactos

## Comunicación

**Presentarse y reaccionar**

- Soy Nuria Ribas.
- Me llamo Iñaki Martínez.
- Yo soy Ana Segura.

○ Encantado. *(m)*
○ Encantada. *(f)*
○ Mucho gusto.

**Preguntar por el estado físico o anímico y contestar**

- ¿Cómo estás?
- ¿Cómo está (usted)?
- ¿Qué tal?

○ Muy bien, gracias, ¿y tú?
○ Bien, gracias, ¿y usted?
○ Muy bien.

**Preguntar por la procedencia y contestar**

- ¿De dónde eres?
- ¿De dónde es (usted)?
- ¿De dónde son (ustedes)?

○ Soy de Colonia.
○ Somos de Viena.

- (Tú) eres de aquí, ¿verdad?

○ Sí.

- ¿Es (usted) de Madrid?

○ No, soy de Bilbao.

**Preguntar por el número de teléfono y la dirección de correo electrónico**

- ¿Cuál es tu / su teléfono?
- ¿Cuál es tu / su número de móvil?

○ Es el 2-4-5-6-7-7-8.

- ¿Tiene/s correo electrónico?
- ¿Cuál es tu / su correo electrónico?

○ Es rosa@difusion.com.

@ arroba
. punto
- guión
_ guión bajo

**Preguntar por la profesión**

- ¿Qué haces?
- ¿Qué hace (usted)?

○ Soy programador/a.
○ Estoy jubilado/-a.

- ¿Dónde trabajas?
- ¿Dónde trabaja (usted)?

○ Trabajo en un banco / una oficina.
○ Soy ama de casa.

**Hacer preguntas**

¿**Cómo** te llamas?
¿**Qué** haces?
¿**Dónde** trabajas?
¿**De dónde** eres?
¿**Cuál** es tu teléfono?

## Gramática

**El artículo indefinido**

|  | masculino | femenino |
|---|---|---|
| Singular | **un** diccionario | **una** guitarra |
| Plural | **unos** diccionarios | **unas** guitarras |

**Deletrear/El alfabeto**

- ¿Cómo se escribe Pillado?
- ¿Pillado se escribe con i griega?
- ¿Con acento o sin acento?

○ pe – i – elle…
○ No, con elle.
○ Sin acento.

30 | treinta

**Nombres de profesiones masculinos y femeninos**

| | | |
|---|---|---|
| enfermero / enfermera | profesor/a | pianista |
| empleado / empleada | escritor/a | dentista |
| ingeniero / ingeniera | programador/a | representante |
| camarero / camarera | director/a | policía |

Muchos nombres de profesión tienen una forma masculina y otra femenina. Las terminaciones **-ista**, **-ía** y **-e** sirven para los dos géneros.

**La negación**

| | |
|---|---|
| ● ¿Hablas francés? | Verónica **no** es profesora. |
| ○ **No, no** hablo francés. | Margarita **no** tiene móvil. |

**No** se coloca siempre delante del verbo.

**Verbos regulares en** -er **e** -ir

| | aprend**er** |
|---|---|
| yo | aprend**o** |
| tú | aprend**es** |
| él / ella / usted | aprend**e** |
| nosotros / nosotras | aprend**emos** |
| vosotros / vosotras | aprend**éis** |
| ellos / ellas / ustedes | aprend**en** |

| | viv**ir** |
|---|---|
| yo | viv**o** |
| tú | viv**es** |
| él / ella / usted | viv**e** |
| nosotros / nosotras | viv**imos** |
| vosotros / vosotras | viv**ís** |
| ellos / ellas / ustedes | viv**en** |

**Los verbos** tener **y** ser

| | tener |
|---|---|
| yo | **tengo** |
| tú | t**ie**nes |
| él / ella / usted | t**ie**ne |
| nosotros / nosotras | tenemos |
| vosotros / vosotras | tenéis |
| ellos / ellas / ustedes | t**ie**nen |

| | ser |
|---|---|
| yo | soy |
| tú | eres |
| él / ella / usted | es |
| nosotros / nosotras | somos |
| vosotros / vosotras | sois |
| ellos / ellas / ustedes | son |

Cuando sólo se trata de mujeres se usan los pronombres femeninos (**nosotras**, **vosotras**, **ellas**), cuando son grupos mixtos se usan los masculinos.

# Mi gente

Eva, Martina y Sergio

# 3

el vocabulario de la familia • expresar gustos • describir el aspecto físico y el carácter de personas • los números hasta 100 • los meses y la fecha

*Mamá y papá con Martina* (2)

*Sonia y yo* (3)

*Edurne y Fernando* (4)

**1  a. Escucha. Eva le enseña unas fotos a una compañera de trabajo.** ▶▶ 21
¿En qué orden se mencionan las fotos?

1. .....
2. .....
3. .....
4. .....

**b. ¿Quién es quién? Escucha otra vez.**
¿Con qué foto relacionas el siguiente vocabulario de la familia? En algunos casos, puede haber más de una opción.

primos
marido
hija
madre
hermana
abuelos

**c. ¿Dónde tienes fotos de tu familia o de amigos? ¿De quién?**

en el salón | en mi oficina | en el móvil | en un álbum | en el ordenador | no tengo

mi marido | mi mujer | mi hijo | mi hija | mis hijos | mis amigos | mis nietos | mis padres

treinta y tres | 33

# 3 Mi gente

## Una familia muy dulce

**2  a. ¿Quién es quién en la familia de Chocolates Valor? Lee el texto.**
Lee el texto sobre la empresa familiar y subraya el vocabulario relacionado con la familia.

### Cinco generaciones de chocolateros

"Mucha gente me pregunta por qué hacemos chocolate en Villajoyosa", comenta Pedro López Lloret, director de una fábrica de chocolate en la provincia de Alicante. "Quizás no es lógico, porque en España no tenemos cacao, la base del chocolate. Pero Villajoyosa es un pueblo con mucha tradición en la fabricación del chocolate y también para nosotros es una tradición familiar. Nuestra familia tiene pasión por el chocolate, y nuestra marca *Chocolates Valor* es famosa en toda España. También exportamos nuestros productos a muchos países."

Pedro López Lloret, hijo y nieto de chocolateros, es director de *Chocolates Valor*, una empresa familiar, con cinco generaciones que trabajan en ella. "Mi familia vive para el chocolate. Mis hermanos trabajan en la empresa, mi hermana Isabel, por ejemplo, es directora de exportaciones. Su hijo, mi sobrino Valeriano, ya es la nueva generación. Incluso mi padre, Pedro López Mayor, a sus 78 años, está todos los días en la fábrica."

La familia "Valor" delante de la fábrica. En el centro Pedro López Lloret. A su lado están su padre, Pedro López Mayor, y sus hermanas Ana e Isabel. Detrás están sus hermanos Vicente, Rafael, Francisco, su hijo Pedro y al lado de él, su sobrino Valeriano.

**b. ¿Qué título no corresponde al artículo?**

Una familia con pasión por el chocolate
Vivir para el chocolate

Nueva fábrica de chocolate en Alicante
Valor: una empresa familiar con tradición

**3  a. Valeriano López habla de su familia.** ▶▶ 22
Escucha y completa el árbol genealógico con los nombres de pila de los miembros.

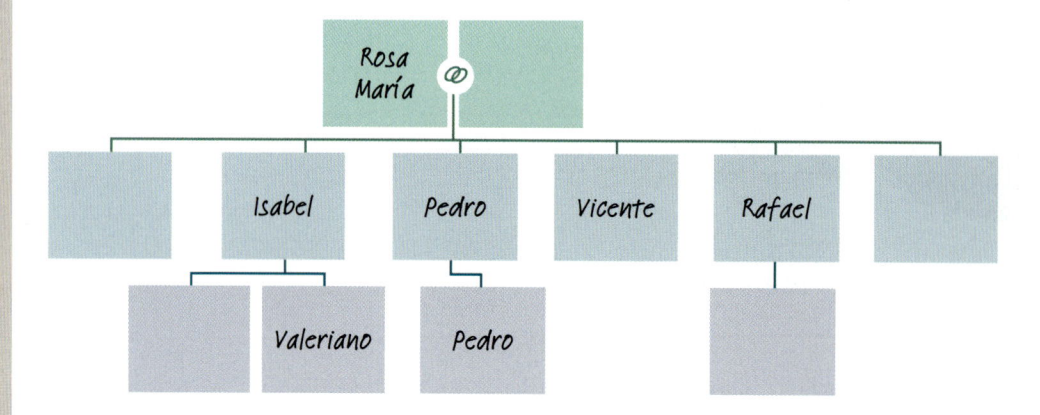

Rosa María

Isabel — Pedro — Vicente — Rafael

Valeriano — Pedro

**b. La familia. ¿Qué significan estas palabras?**
Completa la tabla con la traducción a tu lengua del vocabulario de la familia.

| ♂ | ♀ | ♂ | ♀ |
|---|---|---|---|
| abuelo ........ | abuela ........ | hermano ........ | hermana ........ |
| padre ........ | madre ........ | tío ........ | tía ........ |
| hijo ........ | hija ........ | sobrino ........ | sobrina ........ |
| nieto ........ | nieta ........ | primo ........ | prima ........ |

el padre + la madre = los padres
- ¿Tienes hermanos?
- Sí, una hermana.

En España:
el marido, la mujer
En Latinoamérica:
el esposo, la esposa

**4 En dos grupos. Preguntas sobre la familia Valor.**
Haced preguntas sobre el texto. El otro grupo tiene que contestar. Por cada pregunta y respuesta correctas se consigue un punto.

¿Quién es…? | ¿Quiénes son…? | ¿Qué…? | ¿Cómo se llama…?

- ¿Quién es Valeriano?
- Es el sobrino de Pedro.

- ¿Qué hace Isabel?
- Es directora de exportaciones.

Atención:
**hacer** chocolate (*elaboración*)
- ¿Qué **hace** Isabel? (profesión)
- Es directora de exportaciones.

**5 a. Los posesivos. Lee otra vez el texto sobre Chocolates Valor.**
¿Qué artículos posesivos aparecen en el texto? ¿Cuáles tienen forma en masculino y femenino? ¿Qué significa **su** y **sus**?

| los posesivos | |
|---|---|
| **mi** tío / tía | **mis** tíos / tías |
| **tu** tío / tía | **tus** tíos / tías |
| **su** tío / tía | **sus** tíos / tías |
| **nuestro** tío / **nuestra** tía | **nuestros** tíos / **nuestras** tías |
| **vuestro** tío / **vuestra** tía | **vuestros** tíos / **vuestras** tías |
| **su** tío / tía | **sus** tíos / tías |

Los posesivos varían en función del poseedor, pero concuerdan con lo poseído, no con el poseedor.

4, 5

**b. En parejas. Preguntas sobre la familia.**
Haceos preguntas sobre vuestras familias con ayuda de los siguientes elementos.

¿Cómo se llama/n
¿Dónde vive/n
¿De dónde es / son
¿Qué hace/n

tu / tus

abuelos?
hermano/s?
hermana/s?
padres?

**6 Lee las siguientes frases y compara.**
¿Cuándo se usa **ser**? ¿Cuándo **estar**?

La familia Valor **está** delante de la empresa.
**Es** una empresa familiar.
Pedro **está** en el centro de la foto. **Es** el director.
A su lado **están** su padre y sus hermanas.
Al otro lado **está** Valeriano. **Es** nuevo en la empresa.
Pedro López Mayor **está** todos los días en la empresa.

| estar |
|---|
| estoy |
| estás |
| está |
| estamos |
| estáis |
| están |

6

Con ............ se indica el nombre, la profesión, la procedencia y la identidad.
Con ............ se indica la situación espacial.

treinta y cinco | **35**

# 3 Mi gente

## La empresa Valor en cifras

**7** **a. Lee estos números.**
Un compañero tras otro.

| | | | | | | | | | |
|---|---|---|---|---|---|---|---|---|---|
| 11 | once | 16 | dieciséis | 21 | veintiuno | 31 | treinta y uno | 60 | sesenta |
| 12 | doce | 17 | diecisiete | 22 | veintidós | 32 | treinta y dos | 70 | setenta |
| 13 | trece | 18 | dieciocho | 23 | veintitrés | … | | 80 | ochenta |
| 14 | catorce | 19 | diecinueve | … | | 40 | cuarenta | 90 | noventa |
| 15 | quince | 20 | veinte | 30 | treinta | 50 | cincuenta | 100 | cien |

**Uno** se convierte en **una** delante de sustantivos femeninos (treinta y un**a** fábricas). Delante de sustantivos masculinos se queda en **un** (treinta y **un** empleados).

**b. En cadena. ¿Qué número es?**
Di dos números del 1 al 9. Tu compañero te dice el número que salga uniendo los dos y luego dice los siguientes dos números.

- Siete, cuatro.
- Setenta y cuatro. Ocho, cinco.
- Ochenta y cinco. …

**¿cuántos/-as?**

¿Cuánt**os** años tiene Pedro?
¿Cuánt**as** chocolaterías tiene la empresa?

Para preguntar por la edad se usa el verbo **tener**:
¿Cuántos años ~~eres~~ **tienes**?

**8** Unas cifras sobre la empresa Valor. Escucha y completa. ▶▶ 23

1. Pedro López tiene ............ años.
2. En la empresa trabajan ............ miembros de la familia.
3. Además Valor tiene ............ chocolaterías.
4. En ellas trabajan ............ empleados.
5. Valor exporta sus productos a ............ países.
6. Un ............ % (por ciento) de la exportación va a los Estados Unidos.
7. Valor tiene en total ............ productos diferentes.

**9** **a. Mi familia.**
Escribe tu nombre en el centro de una hoja de papel. Alrededor escribe los nombres de pila de tus familiares más cercanos. Entrégale tu hoja a tu compañero.

**b. En parejas. Pregunta por las personas.**
Pregunta por las personas y da información. ¿Tu compañero es capaz de hacer un árbol genealógico de tu familia o tiene que hacerte más preguntas?

- ¿Quién es Patrick?
- Es mi padre. Vive en… Tiene 72 años y está jubilado.

Julia
Patrick
Leon
yo
Lina
Martin

✏ 7–8

36 | treinta y seis

## Somos diferentes

**10** **a. Lee la descripción de estos hermanos.**
Lee la descripción de estos hermanos y subraya las características de cada uno.

**Cecilia Roth** es de Argentina. Es actriz de cine y teatro. Sus películas son excelentes. Es una mujer rubia, delgada y guapa. De carácter es comunicativa, pero un poco difícil. Está divorciada y tiene un hijo. Vive en Buenos Aires.
Su hobby: viajar a países exóticos.

**Ariel,** el hermano de Cecilia, es cantante de rock. Su música es muy original. Es un hombre alto, delgado y muy atractivo. De carácter es simpático y optimista, pero un poco tímido. Es una persona interesante. Está casado y tiene dos hijos.
Su hobby: los coches rápidos.

**b. Los adjetivos. Completa la tabla y la regla.**
¿Qué adjetivos cambian para el femenino y cuáles no? ¿Qué ocurre con el plural?

|          | masculino   |                                      | femenino    |                                           |
|----------|-------------|--------------------------------------|-------------|-------------------------------------------|
| singular | un cantante | delgad......... excelent......... original | una persona | delgad......... interesant......... original |
| plural   | cantantes   | delgad**os** excelent**es** original**es** | personas    | delgad**as** interesant**es** original......... |

**11** **a. ¿Cómo son?**
Describe en un texto breve algunos miembros de tu familia o amigos. Debes emplear 10 adjetivos. ¿Quién termina antes?

*Mi padre es moreno y gordito. Tengo dos hermanas simpáticas y optimistas, una es alta y delgada, la otra es bajita y un poco tímida. Mi amigo Rainer...*

**b. En parejas. Intercambiad vuestros textos.**
Corrige los adjetivos en el texto de tu compañero.

---

Los adjetivos que terminan en –**o** forman el femenino en –**a**. Los adjetivos en –**e**, –**ista** o consonante* son iguales para ambos géneros.
* Atención:
Los adjetivos que en masculino terminan en –**or** o los de procedencia que terminan en consonante forman el femenino añadiendo una –**a**:
encanta**dor**/encanta**dora**
inglé**s**/inglé**sa**.

jovenmayor
alto/-abajito/-a*
moreno/-arubio/-a
delgado/-agordito/-a*
guapo/-afeo/-a
comunicativo/-atímido/-a
simpático/-aantipático/-a
optimistapesimista

* Generalmente se evita el uso de los adjetivos **bajo** y **gordo**. En su lugar se usan los diminutivos.

# 3 Mi gente

**12** **¿Él o ella? Escucha.** 24
Escucha las frases sobre los hermanos Rot y decide si hacen referencia a él o a ella.

|  | 1 | 2 | 3 | 4 | 5 | 6 |
|---|---|---|---|---|---|---|
| él |  |  |  |  |  |  |
| ella |  |  |  |  |  |  |
| los dos |  |  |  |  |  |  |

**13** **En parejas. Entradas para un concierto.**
Tienes dos entradas para el concierto de Ariel Rot y quieres regalar una. ¿A quién? Elige a una de las personas que esperan en la cola. Tu compañero tiene que averiguar a quién se la das haciendo preguntas sobre su físico.

- ¿Es un hombre?
- No.

- ¿Es una mujer alta?
- Sí.

- ¿Es rubia?
- Sí.
- ¿Es el número…?

9–11

## ¿Te gustan las sorpresas?

**14** **a. Un test. ¿Te gusta el riesgo? Completa.**
Cecilia y Ariel tienen algo en común, a los dos les gusta el riesgo. ¿Y a ti? Marca si estás totalmente de acuerdo ☺, en parte de acuerdo 😐 o en desacuerdo ☹. A continuación lee los resultados que aparecen a la izquierda.

|  | ☺ | 😐 | ☹ |
|---|---|---|---|
| 1. Me gusta improvisar planes. |  |  |  |
| 2. Me gusta viajar en avión. |  |  |  |
| 3. Me gusta aprender cosas nuevas. |  |  |  |
| 4. Me gusta viajar a países exóticos. |  |  |  |
| 5. Me gusta la rutina. |  |  |  |
| 6. Me gustan las motos grandes y rápidas. |  |  |  |
| 7. Me gustan los coches pequeños y prácticos. |  |  |  |
| 8. Me gustan las sorpresas. |  |  |  |

**Mayoría de respuestas**
☺ Eres una persona arriesgada, tu vida es una aventura.
😐 Eres una persona equilibrada.
☹ Eres una persona tranquila. ¿Quizás necesitas un poco de emoción?

**b. Lee otra vez el test y completa la tabla.**

| agrado y desagrado |
|---|
| (No) Me gust............ ⎡ la música clásica. ⎣ viajar en avión. |
| (No) Me gust............ ⎡ los países exóticos. ⎣ las sorpresas. |

Delante de sustantivos en singular y delante de verbos va **gusta**, delante de sustantivos en plural ...................... .

38 | treinta y ocho

### 15 a. Me gusta mucho...
Escribe las palabras siguientes en la tabla según tu grado de preferencia.

el café | el vino | el chocolate | las fiestas de cumpleaños | el cine | el teatro |
la ópera | el color rosa | tu jefe | viajar en avión | las fiestas familiares |
las personas pesimistas | el fútbol

#### b. ¿Te gusta...?
Pregunta a tu compañero por las cosas de 15 a. o por otras diferentes hasta encontrar tres cosas que os gustan a los dos y tres que no.

- ¿Te gusta el café?
- No mucho.

- ¿Le gusta el vino?
- Bastante.

## ¿Cuándo es tu cumpleaños?

### 16 a. Pregunta cuándo es el cumpleaños de tus compañeros.
Averigua el mes con el mayor número de cumpleañeros en clase. Ve por la clase y pregunta a tus compañeros hasta añadir todos los nombres en el mes correspondiente.

- ¿Cuándo es tu cumpleaños?
- El 18 de enero.

#### b. Escucha la canción 'Cumpleaños feliz'. ▶▶ 25
¿Alguien en clase cumple años en breve? Tendréis ocasión de cantar esta canción.

| los meses | nombres de los compañeros |
|---|---|
| enero | |
| febrero | |
| marzo | |
| abril | |
| mayo | |
| junio | |
| julio | |
| agosto | |
| septiembre | |
| octubre | |
| noviembre | |
| diciembre | |

---

**me gusta**
- ¿Te gusta/n...? *(a ti)*
- ¿Le gusta/n...? *(a usted)*

- Sí, (mucho).
- Bastante.
- (No,) No mucho.
- No, nada.

✎ 12

La fecha se indica con el artículo definido delante del número:
**El** uno de abril.
**El** cinco de mayo.

✎ 13–15

treinta y nueve | **39**

# 3 Mi gente

## Tarea final ¿Quién soy?

**a. Yo soy…**
Elabora una ficha con tus datos sin mencionar tu nombre y usando los aspectos que aparecen a continuación. El profesor recogerá las hojas y las repartirá de nuevo para que luego adivinéis a quién corresponden los datos.

Mi aspecto | Mi carácter | Mi familia | Me gusta mucho… | No me gusta…

**b. Un poema para mi compañero.**
Escribe un poema corto con los datos que has recibido o con los de otra persona de tu elección. Sigue los siguientes puntos y léelo en clase.

**Portfolio**
Añade la ficha y el poema al dosier de tu portfolio.

el nombre: .........................
tres adjetivos: .........................
una característica: .........................
una actividad: .........................
la relación contigo: .........................

*Claudia
rubia, delgada, optimista,
tiene cinco nietos,
pasa las vacaciones en Ibiza,
mi compañera de clase.*

---

**¿Qué me llevo de esta etapa?**

Es más fácil aprender las cosas que nos gustan y nos divierten, otras las tenemos que aprender por necesidad. ¿Qué es lo que te llevas de esta unidad?

■ Palabras y expresiones para hablar de mi familia:
..........................
..........................

■ Palabras y expresiones para describir personas:
..........................
..........................

■ Expresiones para hablar de mis gustos:
..........................
..........................

■ Preguntas útiles:
..........................
..........................

■ Aspectos difíciles de gramática:
..........................
..........................

■ Aspectos culturales interesantes:
..........................
..........................

■ En esta unidad has aprendido mucho vocabulario. Se aprende con más facilidad cuando en nuestra propia lengua tenemos ya la terminología clara, como por ejemplo el vocabulario de la familia, los meses o los números. En ese caso solo tenemos que sustituir las palabras conocidas por las palabras en español (y además nos damos cuenta enseguida si nos falta vocabulario). ¿También lo has hecho de este modo? ¿Conoces otros ejemplos?

■ También puede ser de ayuda memorizar parejas de antónimos. ¿Qué palabras de esta unidad son adecuadas para esta estrategia?

■ A veces hay diferencias entre palabras y sus conceptos de distintos idiomas. En este caso la traducción a tu lengua te puede ayudar a descubrir la diferencia. Piensa, por ejemplo, si en tu lengua o en otra que conoces, existe una palabra para el concepto "padre + madre". ¿Cómo se dice en español?

## Panamericana

**En Guatemala, El Salvador y Honduras con Hilda: un paso más en tu viaje al español.**

Hilda nos presenta Guatemala y sus países vecinos.

Hola. Me llamo Hilda Mateo y soy de Guatemala. Mis padres viven en Antigua y tienen una escuela de idiomas. Tengo tres hermanos y una hermana. Somos una familia guatemalteca típica.

■ *Y ahora tú: ¿crees que hay un modelo típico de familia en tu país? ¿Cuál o cuáles piensas que son más comunes?*

Mi país es pequeño, pero muy variado e interesante. Tenemos una naturaleza fascinante con la selva tropical más grande de Centroamérica y con ¡33! volcanes. Un ejemplo: el lago Atitlán, en el cráter de un volcán. Pero también tenemos lugares con mucha historia como las ruinas mayas de Tikal. Para visitar Guatemala la época ideal son de noviembre a mayo.

*el lago Atitlán*

*las ruinas de Copán*

■ *Y ahora tú: ¿qué meses son ideales para visitar tu país?*

Ciudad de Guatemala, la capital del país, es una ciudad moderna. Pero yo soy de Antigua, la antigua capital de Guatemala. Mi ciudad me gusta mucho, me gustan sus casas coloniales, sus fiestas… También me gusta hablar con los estudiantes de español de todo el mundo que estudian en alguna de las escuelas de idiomas.

■ *Y tú: ¿dónde estudias español? ¿Para qué? ¿Qué te gusta de la clase de español?*

*la catedral de Antigua*

Más del 50 % de los habitantes son de origen indígena. Muchos conservan sus rituales religiosos, como el saludo al sol, y sus tradiciones. Una atracción para muchos turistas es el mercado de Chichicastenango, un antiguo mercado maya donde los indígenas venden o intercambian diferentes productos.

Al sur de Guatemala están El Salvador y Honduras. El Salvador es el país más pequeño de Centroamérica, pero muy famoso por sus volcanes. Honduras tiene playas maravillosas en el Caribe, reservas naturales y restos arqueológicos mayas como las ruinas de Copán.
Tres países, pequeños pero fascinantes. ¡Hasta pronto!

**Y ahora tú.**
Lee el texto de nuevo. ¿Eres capaz de crear un eslogan para Guatemala?

*autobuses en Antigua*

# 3 Mi gente

## Comunicación

**Vocabulario de la familia**

| el abuelo | la abuela | el tío | la tía |
| el padre | la madre | el sobrino | la sobrina |
| el hijo | la hija | el hermano | la hermana |
| el nieto | la nieta | el primo | la prima |

En España: el marido, la mujer. En Latinoamérica: el esposo, la esposa
Padre + madre: padres
¿Tienes hermanos? - Sí, una hermana.

**Aspecto físico y carácter**

| alto/-a | bajito/-a | simpático/-a | antipático/-a |
| moreno/-a | rubio/-a | abierto/-a | tímido/-a |
| delgado/-a | gordito/-a | optimista | pesimista |
| guapo/-a | feo/-a | difícil | |
| joven | mayor | | |

**Estado civil**

Ariel está casado.
Cecilia no está casada, está divorciada.

**Los números hasta 100**

| 0 | cero | 11 | once | 30 | treinta |
| 1 | uno | 12 | doce | 40 | cuarenta |
| 2 | dos | 13 | trece | 50 | cincuenta |
| 3 | tres | 14 | catorce | 60 | sesenta |
| 4 | cuatro | 15 | quince | 70 | setenta |
| 5 | cinco | 16 | dieciséis | 80 | ochenta |
| 6 | seis | 17 | diecisiete | 90 | noventa |
| 7 | siete | 18 | dieciocho | 100 | cien |
| 8 | ocho | 19 | diecinueve | | |
| 9 | nueve | 20 | veinte | 21, 22, 23… veintiuno, veintidós, veintitrés… |
| 10 | diez | 21 | veintiuno | 31, 32, 33… treinta y uno, treinta y dos, treinta y tres… |

**Expresar gustos**

(No) Me gust**a** [ la música clásica.
 viajar en avión.

(No) Me gust**an** [ los países exóticos.
 las sorpresas.

- ¿Te gusta viajar?   ○ Sí, (mucho).
- ¿Te gustan las fiestas?   ○ Bastante.
- ¿Le gusta el teatro?   ○ (No,) No mucho.
- ¿Le gustan las sorpresas?   ○ No, nada.

Se usa **gusta** cuando sigue un sustantivo o un infinitivo y **gustan** si sigue un sustantivo en plural.

**Los meses**

| enero | abril | julio | octubre |
| febrero | mayo | agosto | noviembre |
| marzo | junio | septiembre | diciembre |

**La fecha**

El uno de enero. *(España)*
El primero de enero. *(Latinoamérica)*
El dos de mayo.
El 15 de junio.

**Edad y cumpleaños**

¿Cuándo es tu / su cumpleaños? -Es el dos de mayo.
¿Cuántos años tiene/s? -Tengo 35 años.

# Gramática

**Posesivos**

| | | | |
|---|---|---|---|
| mi | tío / tía | mis | tíos / tías |
| tu | tío / tía | tus | tíos / tías |
| su | tío / tía | sus | tíos / tías |
| nuestro | tío | nuestros | tíos |
| nuestra | tía | nuestras | tías |
| vuestro | tío | vuestros | tíos |
| vuestra | tía | vuestras | tías |
| su | tío / tía | sus | tíos / tías |

Los posesivos varían en función del poseedor, pero concuerdan con lo poseído, no con el poseedor. **Mi**, **tu** y **su** concuerdan en número (**mi/tu/su** tío, **mis/tus/sus** tíos); **nuestro** y **vuestro** concuerdan en género y número.

**El adjetivo**

| | masculino | femenino |
|---|---|---|
| Singular | un hombre delgad**o**<br>un músico excelent**e**<br>un cantante original | una mujer delgad**a**<br>una persona interesant**e**<br>una actriz difícil |
| Plural | hombres delgad**os**<br>músicos excelent**es**<br>cantantes original**es** | mujeres delgad**as**<br>personas interesant**es**<br>actrices difícil**es** |

Los adjetivos que terminan en –**o** forman el femenino en –**a**.
Los adjetivos en –**e**, –**ista** o consonante* son iguales para ambos géneros.
* Atención:
Los adjetivos que en masculino terminan en –**or** o los de procedencia que terminan en consonante forman el femenino añadiendo una –**a**: encantad**or**/encantad**ora**, inglé**s**/inglé**sa**.

**El verbo** estar

| estar |
|---|
| estoy |
| estás |
| está |
| estamos |
| estáis |
| están |

**Estar** se usa para situar en el espacio.
¿Dónde **está** Luis? -**Está** en la oficina.

Con **ser** se indica el nombre, la profesión, la procedencia, el carácter y la identidad.

**Preguntar**

¿**Cuántos** empleados…?      *Cantidad*
¿**Cuántas** chocolaterías…?
¿**Quién** es…?                        *Identidad*
¿**Quiénes** son…?
¿**Por qué**…?                         *Causa, razón*

# Mirador

*Después de haber superado una tercera parte del recorrido, llega el momento de detenerse para revisar lo aprendido. De este modo podrás determinar en qué nivel de aprendizaje estás y obtendrás consejos para seguir estudiando con éxito.*

## Hablamos de cultura: relaciones personales

**1** **a. Contactos en España y Latinoamérica.**
Marca en el cuestionario tu respuesta personal. No hay respuestas correctas ni incorrectas.

1. Hablo de tú
   - ☐ a mi profesor/a.
   - ☐ a mis compañeros de trabajo/clase.
   - ☐ a mi jefe o jefa.

2. Hablo de usted
   - ☐ a una persona de 18 años.
   - ☐ a una empleada de banco.
   - ☐ a un camarero.

3. Doy un beso para saludar
   - ☐ a un amigo o una amiga.
   - ☐ a un miembro de mi familia.
   - ☐ a mis compañeros de trabajo.

4. Para saludar doy la mano
   - ☐ a mi jefe o jefa.
   - ☐ a mis compañeros de trabajo/clase.
   - ☐ a mis hermanos.

5. "Buenas noches"
   - ☐ es un saludo.
   - ☐ es una despedida.
   - ☐ es un saludo y una despedida.

6. Mi familia son
   - ☐ mi marido / mujer y mis hijos.
   - ☐ mis padres, hijos, hermanos y abuelos.
   - ☐ mis padres, hijos, primos, tíos…

**b. Escucha una entrevista espontánea con hispanohablantes de diferentes países.** ▶▶ 26
Los diálogos espontáneos no son fáciles de entender, pero son un ejercicio importante. Anota lo que eres capaz de entender sobre los temas que tratan en la conversación: tuteo, saludos y familia.

## Ahora ya sabemos…

Antes de hacer el ejercicio, evalúate tú mismo marcando una de las caras dibujadas al lado de cada tema. A continuación haz la prueba y comprueba los resultados (pregunta a tus compañeros o al profesor si no estás seguro). Compara luego el resultado con tu autoevaluación.

# 4

**similitudes y diferencias culturales • autoevaluación • estrategias de aprendizaje • hablar y jugar**

**3  a. Saludos y despedidas.**
¿Qué expresiones se usan al saludarse, al despedirse o en ambas situaciones?

|  | Saludo | Despedida |
|---|---|---|
| 1. Adiós. | ☐ | ☐ |
| 2. Hola, ¿cómo estás? | ☐ | ☐ |
| 3. Encantado/-a. | ☐ | ☐ |
| 4. Buenas noches. | ☐ | ☐ |
| 5. Hasta pronto. | ☐ | ☐ |
| 6. ¡Buen viaje! | ☐ | ☐ |
| 7. Hasta luego. | ☐ | ☐ |
| 8. Mucho gusto. | ☐ | ☐ |
| 9. ¿Es usted la señora Ruiz? | ☐ | ☐ |
| 10. Hola, ¿qué tal? | ☐ | ☐ |

**b. Preguntas y respuestas.** 27
Lee estas respuestas. Escucha primero las preguntas 1 a 4 y anota el número en la respuesta correspondiente.

☐ Me llamo Carmen Alonso Díaz.
☐ No, soy de Madrid.
☐ 24. ¿Y tú?
☐ Soy secretaria.

Haz lo mismo con las preguntas 5 a 8. 28

☐ Para viajar a Bolivia.
☐ Es el 09 87 65.
☐ Con uve y con acento.
☐ Tres. Dos hijos y una hija.

**4  Nombre, profesión y origen.**
En parejas. Haz las preguntas adecuadas para conseguir las respuestas. Luego, pregunta tu compañero.

Nombre ................
Apellido ................
Edad ................
Lugar de residencia ................
Profesión ................
Aspecto físico ................
Móvil ................
Correo electrónico ................

**5  La familia.**
Mira el árbol genealógico de la página 34 y escribe tres datos correctos y tres incorrectos sobre la familia Valor. Léeselos a tu compañero, que te dirá cuáles son correctos y cuáles incorrectos.

**6  Describir personas.**
Elige a uno de tus compañeros y escribe un perfil con cuatro datos: edad, aspecto físico, carácter... Intercambia el texto con otro compañero. ¿Es capaz de identificar a la persona?

# 4 Mirador

## Aprender a aprender

**7 Palabras internacionales.**
Muchas palabras se parecen en distintos idiomas. Esto te ayudará a averiguar su significado ¿Cuáles de las siguientes palabras puedes traducir sin ayuda de un diccionario? ¿Hay algún falso amigo?

- medicina
- televisión
- informática
- ambiente
- técnica
- curso
- autor
- farmacia
- yogur
- gratis
- activo
- amor

**8 a. Clasificar palabras.**
¿Quieres aprenderte las palabras siguientes? Primero tendrás que clasificarlas por grupos. Los criterios de los decides tú (tema, personas, primera letra, tipo de palabra, sonido…).

colegas | pianista | chocolate | hotel | vacaciones | atractivo | congreso | sobrino | universidad | trabajar | exótico | concierto | jefe | naranja | simpático | teatro | cámping | carácter | música | paella | fútbol | café | fábrica | producto | finca | director | rock | museo | tenis | viajar | playa

**b. En parejas. Buscar criterios.**
Intercambiad las palabras agrupadas. ¿Puedes adivinar los criterios que ha usado tu compañero?

**9 Mapas asociativos.**
Como ejercicio de memorización, muchos estudiantes agrupan palabras alrededor de una palabra clave o un tema. El dibujo resultante se llama mapa conceptual. Aquí tenemos un ejemplo. Complétalo con las palabras de la actividad 8 u otras que conozcas.

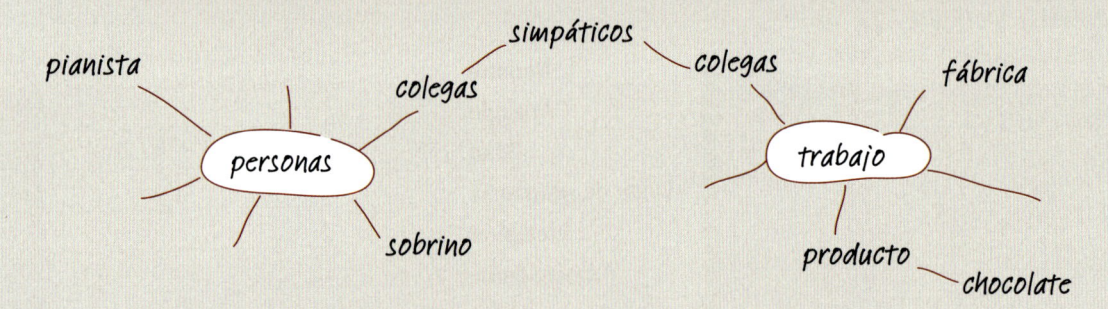

personas: pianista, simpáticos, colegas, sobrino

trabajo: colegas, fábrica, producto, chocolate

**10 a. ¿Hablan muy rápido los españoles? Escucha.** ▶▶ 29
Los hablantes nativos unen las palabras al hablar de manera que parece que hablan muy rápido. Separa las palabras y compara a continuación con el CD.

1. HOLAMELLAMOANAALONSOYESTUDIOINFORMÁTICAENSALAMANCA
2. UNODEMISPAÍSESFAVORITOSESESPAÑAPORQUEMEGUSTANELVINOYLASTAPAS
3. MEGUSTANLASPERSONASESPONTÁNEASYCOMUNICATIVAS

— ELARROZESTÁBLANDO.
— ¿YQUÉDICE?

**b. Hablar como ellos.**
Ahora intenta decir las frases con fluidez y fíjate en la entonación.

## Terapia de errores

Los errores forman parte del proceso de aprendizaje. Indican que estás aprendiendo algo nuevo. Si les dedicas tiempo, verás dónde está el problema y podrás corregirlos.

### 11 a. Un juego en grupos de tres. ¿Dónde están los errores?
Se necesita una moneda y una ficha por jugador. Cara significa avanzar una casilla; cruz, dos casillas. Se obtiene un punto por error encontrado (1 ó 2 por frase) y otro más por su corrección.

| ¡Hola! | 1. Buenas días. Me llama Ana Díaz. | 2. Y tú, ¿cómo se llama? | 3. Señor Pérez es un arquitecto. |
| --- | --- | --- | --- |
| 4. ¿Cuándo tienes cumpleaños? ¡Hoy! Ya soy 25. | 5. Paco es una persona simpático y optimisto. | 6. Yo vivo a Berlín. Estudio español para viajar en España. | 7. Madrid me gusto mucho porque es una ciudad interessante. |
| 8. Mario y yo trabajan en una fábrica de coches. | 9. Nosotros jefe es todos los días en la empresa. | 10. Vosotros vivéis en Italia y habláis italiano, ¿no? | ¡Adiós! |

### b. Los errores.
Intenta clasificar los errores anteriores con ayuda de las categorías de abajo y da ejemplos. ¿Hay errores que cometes fácilmente? Intenta clasificar tus propios errores

- género erróneo
- palabra errónea
- preposición errónea
- palabra que falta o sobra
- relación errónea con mi lengua

- confusión (¿qué con qué?)
- la forma verbal no corresponde al sujeto
- la forma verbal es errónea
- ortografía o puntuación

## Organizar un juego

Con este juego vas a practicar tu español.

### 12 Círculos de personalidades.

- Cada uno escribe en un papel tres preguntas (por ejemplo: sobre la profesión, sobre el lugar de residencia, sobre el lugar de trabajo, sobre el cumpleaños, sobre la dirección de correo electrónico, sobre la familia, etc.). El profesor comprueba si son correctas.
- Formad dos círculos, uno interior y otro exterior, para que una persona esté enfrente de otra. El profesor participa si el número de los integrantes es impar.

- Cada uno formula sus preguntas y el otro contesta. A continuación os intercambiáis las hojas con las preguntas.
- A la palabra ¡Listos! el círculo exterior se desplaza hacia la derecha. De este modo se formarán nuevas parejas y podrán hacerse más preguntas con las hojas recibidas. El juego termina a la quinta ronda.

# Es la hora de comer

**comprar alimentos • medidas, pesos y precios • pedir algo en un bar • preguntar por la comida • la hora • expresar preferencias • los números a partir de 100**

# 5

**1** **a. ¿Se regalan cestas de navidad en tu país? ¿En qué contextos?**
¿Se hacen otros regalos en ámbitos profesionales?

**b. Productos y envases.**
¿Qué sabes de las siguientes palabras? Márcalo.

|  | Es un producto | Es un envase | Es de origen vegetal | Es de origen animal | Es dulce | Es salado |
|---|---|---|---|---|---|---|
| botella | ☐ | ☐ | ☐ | ☐ | ☐ | ☐ |
| vino | ☐ | ☐ | ☐ | ☐ | ☐ | ☐ |
| aceite | ☐ | ☐ | ☐ | ☐ | ☐ | ☐ |
| queso | ☐ | ☐ | ☐ | ☐ | ☐ | ☐ |
| cava | ☐ | ☐ | ☐ | ☐ | ☐ | ☐ |
| caja | ☐ | ☐ | ☐ | ☐ | ☐ | ☐ |
| jamón | ☐ | ☐ | ☐ | ☐ | ☐ | ☐ |
| lata | ☐ | ☐ | ☐ | ☐ | ☐ | ☐ |
| espárrago | ☐ | ☐ | ☐ | ☐ | ☐ | ☐ |
| turrón | ☐ | ☐ | ☐ | ☐ | ☐ | ☐ |

**c. ¿Qué productos de la cesta te gustan? ¿Cuáles no?**

● Me gusta el jamón, pero no me gusta el chorizo.

**CESTA 6**    Ref. 00100196 314€

1 jamón de 5 kg
2 chorizos
1 queso Gran Capitán
2 botellas de cava
2 botellas de vino tinto
1 botella de vino blanco
2 tabletas de turrón
1 caja de bombones TRAPA
1 lata de aceite de oliva 1881
1 lata de espárragos

Regalar cestas a clientes o empleados es una costumbre típica de Navidad. Las cestas tienen productos que normalmente se comen en esas fiestas.

cuarenta y nueve | **49**

# 5 Es la hora de comer

## ¿Qué comes?

**2** **a. ¿Cómo se llaman estos productos? Pregunta a tu profesor.**
Identifica los alimentos marcándolos con el número correspondiente. Haz una lista en tu cuaderno de cuáles puede comer un vegetariano. A continuación cada uno de vosotros lee un producto de su lista. ¡No vale repetir!

1. agua
2. aceite
3. carne
4. huevos
5. leche
6. lechuga
7. limón
8. mantequilla
9. manzana
10. pan
11. pasta
12. patatas
13. pescado
14. plátano
15. pollo
16. queso
17. yogur

fruta · carne y pescado · verdura

### frecuencia

todos los días
muchas veces
pocas veces
casi nunca
nunca

Atención:
**Nunca como** carne.
**No como** carne **nunca**.

**b. En parejas. ¿Con qué frecuencia comes o bebes estos productos?**

• Como fruta todos los días. Nunca bebo leche.

**3** **De estos productos, ¿cuántos compras tú en una semana?**
Haz una lista y léesela a tu compañero. ¿Qué es lo que más se consume?

leche | mantequilla | patatas | tomates | queso | carne | pan | café | agua

✎ 1-4

Entre la cantidad o el envase y el contenido va siempre la preposición **de**:
un kilo **de** manzanas
una botella **de** agua

### cantidades y envases

1 kg = un kilo de…
½ kg = medio kilo de…
1½ kg = un kilo y medio de…
100 g = cien gramos de…
1 l = un litro de…
½ l = medio litro de…

un paquete de…
una botella de…
una lata de…
una caja de…

un poco de…

*3 kilos de patatas
…*

50 | cincuenta

# En un mercado

**4** **a. Escucha el diálogo. ¿Qué productos compra el cliente?** ▶▶ 30

**b. Escucha otra vez y marca todos los alimentos.**

- Hola, buenos días. Quería un kilo de tomates.
- ○ ¿Tomates para ensalada o para salsa?
- Para salsa, para salsa.
- ○ Muy bien. Un kilo de tomates.
- Y quería fruta también.
- ○ Pues hoy tengo manzanas y mandarinas muy buenas.
- Uy, mandarinas, no. Prefiero las manzanas. ¿Cuánto cuesta el kilo?
- ○ Dos euros. ¿Cuánto quiere?
- Un kilo y medio.
- ○ Aquí tiene. ¿Algo más?
- ¿Tiene mangos?
- ○ No, lo siento. Hoy no tengo.
- Mmm... Entonces deme un melón, por favor.
- ○ Un melón. Muy bien, ¿algo más?
- No, gracias. Eso es todo. ¿Cuánto es?
- ○ Son 1,90 los tomates; 3 euros las manzanas; 1,50 el melón… En total son 6,40.
- 6,40. Aquí tiene.
- ○ Muchas gracias.

**c. En parejas. Leed el diálogo en voz alta.**

**d. Completa las frases del cliente.**
Después compara las peculiaridades y las terminaciones de **querer** y **preferir**.
¿Qué es igual y qué diferente?

| vendedor | cliente |
|---|---|
| ¿Cuánto quiere? | ..................... un kilo de tomates. |
| ¿Algo más? | ..................... un melón, por favor. |
| Aquí tiene. | ¿Tiene mangos? |
| Lo siento, hoy no tengo. | Eso es todo. |
| Son 6,40 euros. | ¿Cuánto es (en total)? |

| querer | preferir |
|---|---|
| quiero | prefiero |
| quieres | prefieres |
| quiere | prefiere |
| queremos | preferimos |
| queréis | preferís |
| quieren | prefieren |

**Quería** es la forma de cortesía de **querer**.

**5** **Bocadillos para todos los gustos.**
Haz tres bocadillos a tu gusto y compáralos con los de tus compañeros.

Mi bocadillo tiene mantequilla, atún, un poco de lechuga…

✏ 5, 6

cincuenta y uno | **51**

# 5 Es la hora de comer

### 6 En parejas. ¿Tú qué prefieres?
Subraya lo que prefieres. Después haz preguntas como en el ejemplo. ¿En cuántas preferencias coincidís?

- el vino blanco o tinto
- la cerveza con o sin alcohol
- el agua con o sin gas
- el aceite o la mantequilla
- el zumo de naranja o de manzana

- ¿Prefieres el vino blanco o tinto?
- Blanco, ¿y tú?
- Yo también. / Yo, tinto.

> Cuando se entrega un regalo se puede decir **Esto es para ti / Esto es para usted.**

### 7 Una cesta para un compañero.
Escribe tu nombre en una hoja. Se recogen todas las hojas y se vuelven a repartir. Tienes que regalarle una cesta al compañero que te ha tocado. Anota los alimentos que meterás en la cesta (máximo 7) y entrega el "regalo". ¿Conoce todos los productos? ¿Le gustan todos?

## Números

### 8 a. Completa con los números que faltan.

| | | | | | |
|---|---|---|---|---|---|
| **100** cien | **500** quinientos | **2.000** dos mil |
| **101** ciento uno | **600** seiscientos | **10.000** _____ |
| **102** ciento dos | **700** setecientos | **10.100** diez mil cien |
| **200** doscientos | **800** _____ | **30.000** _____ |
| **300** _____ | **900** novecientos | **100.000** cien mil |
| **400** _____ | **1.000** mil | **1.000.000** un millón |

- La **y** sólo va entre decenas y unidades: ciento setenta **y** siete.
- Las centenas tienen terminación masculina y femenina: doscient**os** gramos/ doscient**as** botellas

**b. Una cadena con números.**
Di un número del 1 al 100. Tu compañero dice el número añadiendo un cero y propone otro de dos cifras.

- Treinta y seis.
- Trescientos sesenta. Veinticinco.
- Doscientos cincuenta…

### 9 En parejas. En el supermercado.
Compra dos productos en el supermercado. Tu compañero calcula el precio.

- Quería una botella de vino.
- ¿Algo más?
- Sí, una lata de sardinas. Eso es todo. ¿Cuánto es?
- Son cinco euros con treinta.

**OFERTAS**

| | |
|---|---|
| un litro de leche | 1 € |
| una botella de vino | 3,50 € |
| 250 g de jamón | 4,20 € |
| una lata de sardinas | 1,80 € |
| ½ l de aceite | 3,50 € |
| ½ kg de tomates | 2,50 € |
| 1,5 kg de manzanas | 3,20 € |
| un paquete de mantequilla | 1,80 € |

7, 8

pollo al ajillo • tortilla • albóndigas • gambas a la plancha
calamares a la romana • sardinas fritas • aceitunas • jamón serrano

## ¿Probamos las tapas?

**10** **a. Escucha el diálogo y marca las tapas que piden.** ▶ 31

**b. Escucha otra vez y lee el texto.**
Escucha otra vez y lee el texto. Subraya las expresiones para pedir algo y para pedir información sobre la comida.

- Aquí tienen tapas muy ricas. A ver… hoy tienen gambas, patatas bravas…
- ¿Patatas bravas? ¿Y qué es eso? ¿Lleva ajo?
- Son patatas con una salsa que lleva mayonesa, ketchup y tabasco.
- Ah no, no puedo comer mayonesa, pero las gambas me gustan mucho.
- Pues tomamos gambas, jamón serrano y… ¿Probamos las albóndigas?
- ¿Albóndigas? ¿Son picantes?
- No, no, qué va.
- Hola. ¿Qué quieren?
- Una ración de gambas, una de albóndigas…
- … y una de jamón serrano.

- Enseguida. Y para beber, ¿qué quieren?
- No sé… Podemos probar el vino tinto de la casa, ¿no?
- Ah no, no puedo tomar alcohol. Un agua mineral, por favor.
- Pues para mí, un tinto de la casa.
- Enseguida.
…
- Aquí tienen.
- Muchas gracias.
…
- ¿Y qué tal? ¿Te gustan las albóndigas?
- Mmmm, muy ricas, ¡deliciosas!
…
- ¿Pagamos?
- Sí, pero hoy pago yo.

Cada tapa no suele tener mucha cantidad de comida. Es frecuente que un grupo de personas pida varias y las comparta.

Para pagar, si estamos en grupo dos de las opciones pueden ser: una persona invita y paga la cuenta o se paga a escote (se divide el total a pagar en partes iguales).

**c. Completa con expresiones para pedir información y las formas del verbo** poder.

| pedir (algo) | pedir información sobre la comida |
|---|---|
| • ¿Qué quieren?<br>○ Una (ración) de…<br>○ (Yo) una cerveza.<br>○ Un agua mineral, por favor.<br>○ Para mí, un tinto de la casa. | ¿........................................................? <br>¿Qué lleva? <br>¿Lleva ...................... / mayonesa? <br>¿........................................................? <br>¿Se come caliente / frío? |

poder

..............................
p**ue**des
p**ue**de

podéis
p**ue**den

✎ 9, 10

cincuenta y tres | 53

# 5 Es la hora de comer

**11  a. ¿A qué producto se refieren las siguientes frases? Relaciona.**

- ☐ ¿Las quiere negras o verdes?
- ☐ ¿Los quiere a la plancha o a la romana?
- ☐ ¿La quiere caliente o fría?
- ☐ No lo quiero con leche, lo quiero con limón.
- ☐ ¿Las quiere fritas o a la plancha?

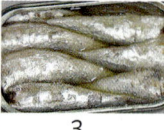

**b. Completa.**
¿Qué te ha ayudado a relacionar las imágenes con las frases? ¿Eres capaz de completar la tabla con los pronombres de objeto directo?

> Se usa **lo, la, los, las** para referirse a un objeto ya mencionado. En la negación estos pronombres están entre el **no** y el verbo: No **lo** quiero con leche.

| Pronombres de objeto directo | | | |
|---|---|---|---|
| Quiero | un té. | ¿................ | quiere con limón? |
| | una tortilla. | ¿................ | quiere caliente o fría? |
| | calamares. | ¿................ | quiere a la romana? |
| | aceitunas. | ¿................ | quiere verdes o negras? |

**12  ¿De qué objetos se habla?**
Escribe el número y completa con el pronombre.

- ☐ _La_ necesitamos para beber vino.
- ☐ ............ uso para comer sopa.
- ☐ ............ prefiero fritas.
- ☐ ............ uso para cortar la carne.
- ☐ ............ preparo con salsa de tomate.
- ☐ ............ usamos para beber agua.

1. los espaguetis | 2. la cuchara | 3. las sardinas | 4. el cuchillo |
5. el vaso | 6. la copa | 7. las servilletas | 8. el tenedor

**13  El mapa de mis gustos.**
Elabora en tu cuaderno un mapa con tus gustos. Anota los alimentos según el grado de preferencia y la frecuencia. Compáralo con el de un compañero.

- Me gusta la pasta y la como muchas veces. Nunca como pescado porque no me gusta.

11–13

54 | cincuenta y cuatro

## Los bares en España

**14** a. Un día en el bar Jamón jamón.
Antes de escuchar una entrevista al dueño del bar, ¿qué opción crees que es más acertada en cada caso? Márcalo a continuación.

| | | |
|---|---|---|
| Por la mañana el bar abre | ☐ a las 6.30. | ☐ a las 8. |
| En el desayuno se toman | ☐ tostadas. | ☐ bocadillos. |
| Se almuerza | ☐ entre la 1 y las 2. | ☐ entre las 2 y 2.30. |
| Al mediodía se puede comer | ☐ un menú barato. | ☐ sólo un bocadillo. |
| El bar está abierto | ☐ todo el día. | ☐ por la tarde. |
| Se cena | ☐ a las 8.30. | ☐ entre las 8 y las 11. |
| Muchos clientes son | ☐ estudiantes. | ☐ turistas. |
| No es usual | ☐ sentarse con otros. | ☐ ver la tele. |

b. Escucha ahora la entrevista y compara con tus respuestas. ▶▶ 32
¿Te has fijado en lo que significa **se** + verbo y cuándo se usa el verbo en singular o en plural?

---

**se + 3ª persona**

En un bar **se toma** café. También **se comen** tapas. En este bar **se puede comer un menú** barato. En este bar **se pueden comer bocadillos** de muchos tipos.

✎ 14

---

**15** a. ¿Qué hora es?
Dibuja la hora. ¿Cómo se dice en español?

| la hora | |
|---|---|
| • ¿Qué hora es? | ○ Es la una y media.<br>○ Son las tres y veinte.<br>○ Son las seis menos diez. |
| • ¿A qué hora cenas? | ○ A las ocho y media.<br>○ Entre las ocho y las nueve. |

en punto
y cinco
y diez
menos cuarto — y cuarto
y veinte
y media — y veinticinco

b. Escucha y relaciona con los diálogos. ▶▶ 33 – 38

☐  ☐  ☐  ☐  ☐  ☐

c. Pregunta a tres compañeros a qué hora desayunan, almuerzan y cenan.

• ¿A qué hora cenas?
○ A las siete y media, ¿y tú?

**16** Mi bar preferido.
Escribe un texto breve sobre tu local preferido (lugar, horario, clientes). ¿Qué se puede hacer allí?

desayunar | tomar un aperitivo | comer un menú | comer bocadillos | fumar | ver la tele | tomar un café | leer el periódico

*Mi bar / café / restaurante preferido se llama… y está en… Abre a las… Se puede…*

✎ 15 – 18

# 5 Es la hora de comer

## Tarea final  Especialidades de la casa

**Portfolio**
Guarda el dosier en tu portfolio.

**a. Abrimos un bar de tapas.**
En grupos de cuatro vais a abrir un bar de tapas. Primero os tenéis que inventar tapas con vuestros ingredientes preferidos y darles un nombre apetitoso, por ejemplo, "Champiñones a la Cristina". Luego tenéis que elaborar la carta y poner los precios.

**b. ¿Qué pedimos?**
A continuación un miembro de un grupo va con la carta a otro grupo y hace el papel de camarero para contestar a las preguntas sobre la carta. El resto son los clientes: preguntan por la comida, piden tapas y bebidas, hablan durante la comida y pagan.

TAPAS Y RACIONES

BEBIDAS

HORARIO

---

**¿Qué me llevo de esta etapa?**

Seguro que no hay espacio suficiente para apuntar todas las cosa útiles con las que te has encontrado en esta unidad. Por ello será mejor que anotes en tu cuaderno todo aquello que te quieres llevar de esta unidad. Guíate por la columna de la izquierda.

- Cinco alimentos que me gustan.
- Expresiones útiles para comprar en un mercado o en un supermercado.
- ¿Qué productos se pueden comprar en lata?
- Expresiones útiles para pedir en un bar.
- Dos tapas que quiero probar.
- Información cultural: ¿qué se puede hacer en un bar español?
- ¿Qué verbos irregulares recuerdas? ¿Tienen la misma irregularidad?
- ¿Te acuerdas del diálogo en el mercado y de la entrevista con el dueño del bar? ¿Qué era más fácil de entender? Muchas situaciones cotidianas trascurren de manera semejante en varias culturas o idiomas. Podemos saber lo que se dice normalmente o prever en cierta medida lo que se va a decir. Eso nos ayuda a entender con mayor facilidad. Por el contrario, las situaciones imprevistas son más difíciles de entender.

- Es bueno memorizar palabras relacionándolas con dibujos. ¿Te acuerdas de *copa*? Escoge otras tres palabras de la unidad e ilústralas.

- Ahora conoces todos los números. Para no olvidarlos, puedes pensar en el número en español cada vez que veas uno en tu vida cotidiana (p. ej.: un tique de compra, el kilometraje de tu coche…).

56 | cincuenta y seis

## Panamericana

**En Nicaragua, Costa Rica y Panamá con Evelyn.**
Evelyn te presenta otros tres países de Centroamérica y, para seguir con el tema de la unidad, nos hablará de sus especialidades culinarias.

¡Hola! Me llamo Evelyn y soy de Costa Rica. Me gusta mucho cocinar. Para los europeos la comida en Centroamérica es nueva y muy diferente. Muchos turistas no entienden el menú en los restaurantes.
- Y ahora tú: ¿qué preguntas son útiles para informarse sobre un plato?

**Ciudad de Panamá**

El *gallo pinto*, por ejemplo, es un desayuno típico. Son frijoles con arroz y se comen con huevos o con carne.
- Y ahora tú: ¿cómo es un desayuno típico de tu país?

Mi país es rico gracias a su naturaleza, sus playas, su selva y sus volcanes. Es un país pequeño pero con una gran variedad de paisajes.
Los parques naturales y reservas biológicas forman el 25% del país. Costa Rica es un país líder del turismo ecológico y tiene muchos proyectos para conservar la naturaleza.

**el volcán Concepción (Nicaragua)**

Un alimento típico de Centroamérica son los frijoles. Se pueden comer por la mañana en el desayuno, al mediodía en el almuerzo y por la noche en la cena.

**gallo pinto**

Y tú: ¿puedes leer estas cifras? En Costa Rica viven unas 850 especies de aves, 214 especies de reptiles y encontramos 1416 tipos de orquídeas.

Una bebida deliciosa son los jugos (= zumos) tropicales. Se preparan con frutas exóticas y son bombas de vitaminas.
- Ahora tú: ¿qué frutas (tropicales u otras) conoces? En un mercado, ¿cómo se pregunta por el precio de algo?

Tenemos un producto famoso que exportamos a todo el mundo. Es famoso porque es excelente. Se cultiva a más de 1.200 m, una garantía de calidad. Sí, es el café. ¿Lo quiere probar?
- Y ahora tú: ¿te gusta el café? ¿Qué bebida prefieres tomar en el desayuno?

En Panamá la ruta Panamericana se interrumpe. Ahora necesitamos un barco para continuar el viaje. ¿Qué es un barco? Lo aprendemos en la próxima lección con otros medios de transporte.
¡Buen viaje!

cincuenta y siete | 57

# 5 Es la hora de comer

## Comunicación

**Cantidades y envases**

| | | | | | |
|---|---|---|---|---|---|
| 1 kg | = un kilo (de patatas) | 1 l | = un litro (de aceite) | un paquete (de) |
| ½ kg | = medio kilo | ½ l | = medio litro | una botella (de) |
| 1½ kg | = un kilo y medio | 1½ | = un litro y medio | una lata (de) |
| 100 g | = cien gramos | | | una caja (de) |

Entre la cantidad o el envase y el producto siempre va **de**: un poco **de** pan.

**Comprar alimentos**

Quería un kilo de tomates.
Deme un melón.
Prefiero las manzanas.
¿Tiene mangos?
Eso es todo. ¿Cuánto es?

**Quería** = es la forma de cortesía de **querer**.

**Referirse a una cosa mencionada**

| | | |
|---|---|---|
| | un té. | ¿Lo quiere con limón? |
| Quiero | una tortilla. | ¿La quiere caliente o fría? |
| | calamares. | ¿Los quiere a la romana? |
| | aceitunas. | ¿Las quiere verdes o negras? |

**Preguntar por el precio**

¿Cuánto cuesta el melón?
¿Cuánto cuestan las manzanas?
¿Cuánto es (todo)?

**Pedir algo**

| camarero | cliente |
|---|---|
| • ¿Qué desean?<br>• ¿Qué quieren?<br>• ¿Qué toman? | ○ Yo una cerveza.<br>○ Yo también.<br>○ Para mí, un agua mineral.<br>○ Un café, por favor. |

**Pedir información sobre la comida**

¿Qué es eso?
¿Qué lleva la tortilla?
¿Lleva ajo / mayonesa?
¿Es picante?
¿Se come caliente / frío/-a?

**Preguntar por la hora y decirla**

• ¿Qué hora es?   ○ Es la una y media.
                  ○ Son las cinco menos diez.

• ¿A qué hora cenas?   ○ A las nueve y media.
                       ○ Entre las nueve y las diez.

**Momento del día y hora**

por la mañana          a las siete **de** la mañana
**a/al** mediodía                   **de** la tarde
**por** la tarde                    **de** la noche
**por** la noche

# Gramática

**Los pronombres de objeto directo**

|  | masculino | femenino |
|---|---|---|
| Singular | lo | la |
| Plural | los | las |

En la negación los pronombres están entre el **no** y el verbo: El té **no lo quiero** con limón.

**Se impersonal**

En un bar español **se toma** café.
También **se toman** tapas con los amigos.
En muchos bares **se puede** desayunar.
En este bar **se puede comer un menú** barato.
En este bar **se pueden comer bocadillos** de muchos tipos.

**Los números a partir de 100**

| 100 | cien | 500 | **quin**ientos | 2.000 | dos mil |
|---|---|---|---|---|---|
| 101 | ciento uno | 600 | seiscientos | 3.013 | tres mil trece |
| 200 | doscientos | 700 | **se**tecientos | 10.100 | diez mil cien |
| 300 | trescientos | 800 | ochocientos | 30.000 | treinta mil |
| 310 | trescientos diez | 900 | **no**vecientos | 100.000 | cien mil |
| 400 | cuatrocientos | 1.000 | mil | 1.000.000 | un millón |

101, 102, 103…: cien**to** uno, cien**to** dos, cien**to** tres…
201, 202, 203…: doscientos uno, doscientos dos, doscientos tres…
1001, 1002, 1003…: mil uno, mil dos, mil tres…

Atención:
doscient**os** gram**os**
doscient**as** botell**as**
mil euros
un millón **de** euros

**Verbos con formas irregulares**

| e→ie querer | e→ie preferir | o→ue poder | o→ue probar |
|---|---|---|---|
| qu**ie**ro | pref**ie**ro | p**ue**do | pr**ue**bo |
| qu**ie**res | pref**ie**res | p**ue**des | pr**ue**bas |
| qu**ie**re | pref**ie**re | p**ue**de | pr**ue**ba |
| queremos | preferimos | podemos | probamos |
| queréis | preferís | podéis | probáis |
| qu**ie**ren | pref**ie**ren | p**ue**den | pr**ue**ban |

Casi todos los verbos tienen la irregularidad en el mismo sitio. Las terminaciones corresponden a las de los verbos regulares en –ar, –er o –ir.

**La hora**

| 13.00 | Es la una. |
|---|---|
| 14.00 | Son las dos (en punto). |
| 14.15 | Son las dos y cuarto. |
| 14.25 | Son las dos y veinticinco. |
| 14.30 | Son las dos y media. |
| 14.35 | Son las tres menos veinticinco. |
| 14.45 | Son las tres menos cuarto. |

# Por la ciudad

# 6

describir una ciudad • pedir información en una oficina de turismo • preguntar por el camino • indicar el lugar • dar información • usar los transportes públicos

**1  a. ¿Sevilla o Bogotá?**
¿A qué ciudad corresponde cada foto?

**b. ¿A qué ciudad corresponden las siguientes frases?**

|  | Sevilla | Bogotá |
|---|---|---|
| Es la capital de Colombia. | ☐ | ☐ |
| Es la capital de Andalucía. | ☐ | ☐ |
| Está en el sur del país. | ☐ | ☐ |
| Está en el centro del país. | ☐ | ☐ |
| Tiene unos 6,8 millones de habitantes. | ☐ | ☐ |
| Tiene unos 700 000 habitantes. | ☐ | ☐ |
| Está en la montaña, en los Andes. | ☐ | ☐ |
| Está al lado del río Guadalquivir. | ☐ | ☐ |
| Es famosa por la Semana Santa y la Feria de Abril. | ☐ | ☐ |
| Tiene muchos monumentos de la época colonial. | ☐ | ☐ |
| Tiene muchos monumentos de la época árabe. | ☐ | ☐ |
| Tiene una catedral famosa. | ☐ | ☐ |

# 6 Por la ciudad

## 24 horas en Sevilla. Todo es posible.

**POR LA MAÑANA:** Pasear por el centro histórico y desayunar en uno de sus cafés típicos. Visitar la catedral, la más grande de España. Aquí está la tumba de Cristóbal Colón. Después, subir a la famosa Giralda, la torre de una antigua mezquita (¡hay una vista fantástica sobre la ciudad!) o visitar el Alcázar, un palacio de origen árabe con jardines preciosos para descansar.

**AL MEDIODÍA:** Comer en el barrio de Santa Cruz, el antiguo barrio judío. En sus calles hay muchos bares y restaurantes. Cerca de la Giralda está la Bodega Santa Cruz con comida tradicional.

**POR LA TARDE:** Ir de compras a la zona peatonal. En la famosa calle Sierpes hay tiendas que venden productos de cerámica o instrumentos para tocar flamenco. Hay también dos confiterías famosas por sus dulces exquisitos: Ochoa y La campana. O visitar el Museo de Bellas Artes, donde hay cuadros de pintores famosos como Goya o Rubens.

**POR LA NOCHE:** Cenar. En la calle San Jorge está el restaurante "Casa Manolo". Después ir al teatro Lope de Vega, donde hay conciertos de guitarra flamenca, o pasear por el barrio de Triana, al otro lado del río Guadalquivir. Es un barrio tradicional con mucho ambiente.

## Un día en Sevilla

**2  a.** ¿Dónde se pueden hacer estas cosas en Sevilla? Busca las respuestas en el texto.

- comer comida típica
- escuchar música
- comprar productos tradicionales
- ver cuadros famosos
- descansar
- ver toda la ciudad

**b. Vocabulario de la ciudad.**
Lee el texto otra vez con más detenimiento y elabora una tabla para completarla con las palabras del ejemplo. Compárala con las de tus compañeros y marca las palabras que quieres aprender.

| gastronomía | partes de la ciudad | monumentos | actividades |
|---|---|---|---|
| el café | el centro histórico | la catedral | pasear |

**c. En grupos de tres. ¿Qué hacemos en Sevilla?**
En grupos de tres. Poneos de acuerdo en tres cosas que queréis hacer en Sevilla y presentad el resultado a la clase.

● Primero visitamos la catedral, después…

**El orden**
primero
después
luego
al final

1–3

62 | sesenta y dos

# 6

**3** **a. ¿Hay o está/n? Completa la tabla.**
Busca en el texto las frases en las que se usa **hay** y **estar** y completa la tabla. ¿Eres capaz de establecer una regla?

| .................................... | .................................... |
|---|---|
| En Santa Cruz ............. muchos bares. ............. dos confiterías en la calle Sierpes. En el teatro ............. un concierto. | La bodega ............. cerca de la Giralda. La tumba de Colón ............. en la catedral. ¿Dónde ............. los cuadros de Goya? |

Cuando nos referimos a la existencia de una cosa o a la celebración de un evento que no sabemos si nuestro interlocutor conoce, usamos ..........., por ejemplo delante de un artículo indefinido, números, **mucho** o **poco**. Cuando nos referimos a la ubicación de una cosa que creemos identificable o conocida por nuestro interlocutor usamos............

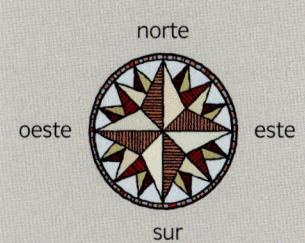

**b. ¿Qué ciudad es?**

**Es** una ciudad grande, pero no **es** la capital del país. **Es** famosa por su equipo de fútbol. **Está** en el noreste de España, en el Mediterráneo. **Hay** un templo muy conocido y también **hay** un barrio antiguo con muchos bares y muchos monumentos interesantes. También **hay** gente de muchos países diferentes.

norte
oeste  este
sur

**c. Y ahora tú.**
Piensa en una ciudad y escribe unas frases como en el ejemplo de arriba. Leedlas por turnos. El resto intentará adivinar la ciudad.

**4** **a. En la oficina de turismo. Relaciona.** ▶▶ 39 – 44
¿Qué informaciones necesitan las personas en la oficina de turismo?
Completa las preguntas y luego corrige con el CD.

| informarse | |
|---|---|
| ¿Me puede recomendar ............. | para Triana? |
| ¿Tiene un plano ............. | para el concierto de flamenco? |
| ¿Cuánto cuesta una entrada ............. | un restaurante típico? |
| ¿Hay visitas guiadas ............. | abre los lunes? |
| ¿De dónde sale el autobús ............. | en la catedral? |
| ¿Dónde se pueden ............. | de la ciudad? |
| ¿Sabe si el Museo de Bellas Artes ............. | las tiendas por la tarde? |
| ¿A qué hora abren ............. | comprar sellos? |

los días
lunes
martes
miércoles
jueves
viernes
sábado
domingo

los lunes...

**b. En parejas. El juego del turista.**
Jugad en parejas con una moneda. Cara: avanzar una casilla, cruz: dos casillas. Haz una pregunta por casilla. Usa las preguntas que harías en la oficina de turismo. Obtendréis un punto por cada pregunta correcta. No se pueden repetir preguntas.

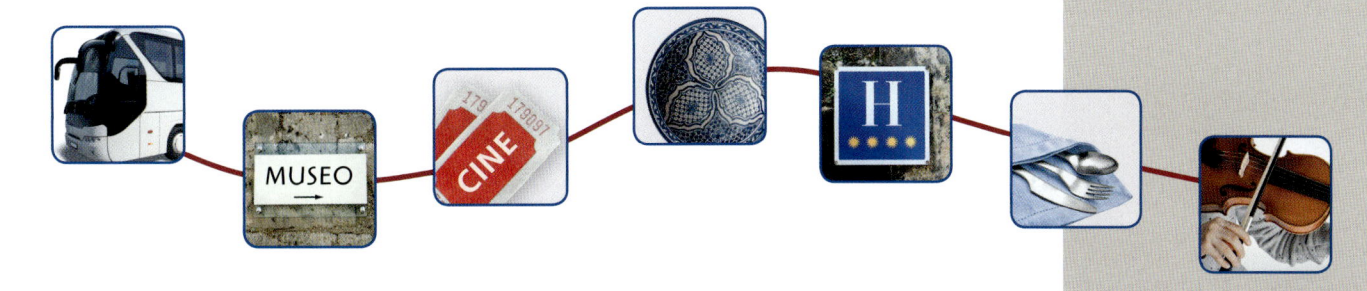

✏ 4, 5

sesenta y tres | **63**

# 6 Por la ciudad

**5  a. En un centro comercial. ¿Puedes identificar estos lugares en el plano?**

- una farmacia
- una cabina de teléfonos
- la oficina de información
- un supermercado
- una panadería
- un restaurante
- los servicios
- una tienda de discos
- la oficina de Correos
- un cine
- una tienda de modas

**b. Escucha y marca en el plano los lugares que se mencionan.** 45–49

**c. Escucha otra vez y marca las expresiones que se mencionan.**

| Adverbios de lugar | |
|---|---|
| al lado (de) | delante (de) |
| a la derecha (de) | detrás (de) |
| a la izquierda (de) | enfrente (de) |
| cerca (de) | entre… y |
| lejos (de) | |

de + el = **del**
cerca **del** banco

a + el = **al**
Vamos **al** cine.

**6  a. ¿Verdadero o falso?**
Compara las frases con el mapa. Marca las correctas y corrige las falsas.

1. ☐ La farmacia está a la derecha de la oficina de Correos.
2. ☐ Hay una cabina de teléfonos enfrente del cine.
3. ☐ Correos está entre la tienda de discos y la panadería.
4. ☐ El cine está detrás del supermercado.
5. ☐ Los servicios están al lado del cine.
6. ☐ Delante del centro comercial hay una parada de taxis.

Detrás de **Correos** el verbo está en singular porque se refiera a **la oficina de correos**.

**b. En parejas. ¿Qué hay y dónde está?**
Sitúa tres de los siguientes locales en los espacios vacíos del mapa del centro comercial. Tu compañero tiene que averiguar qué hay y dónde.

- una cafetería
- un banco
- una perfumería
- una frutería
- una confitería

● ¿Hay una cafetería?
○ Sí. / No.
● ¿Está al lado del restaurante?
…

6–8

64 |sesenta y cuatro

# Vamos a Bogotá

**7** a. Alberto prepara un viaje a Bogotá, una ciudad llena de sorpresas. ▶▶ 50
Habla por teléfono con una amiga que vive allí. Escucha y marca la respuesta correcta.

1. ¿Cuándo va?
   ☐ mañana    ☐ la semana próxima

2. ¿Cómo va?
   ☐ en tren    ☐ en coche    ☐ en avión

3. ¿Adónde quiere ir?
   ☐ a un concierto    ☐ a la catedral    ☐ a la ópera

| ir | dirección | medio de transporte |
|---|---|---|
| voy vas va vamos vais van | a Bogotá al centro a la ópera | en tren en coche en bicicleta en barco en avión a pie |

No confundas lo siguiente:
Vivo **en** España. *(¿Dónde?)*
Voy **a** Colombia. *(¿Adónde?)*

b. ¿Y tú? ¿Con qué frecuencia utilizas estos medios de transporte?
Haz una lista de más a menos frecuencia y comenta a continuación dos aspectos de la lista. ¿Cuál es el medio de transporte más usado en la clase?

el tren | el coche | el autobús | el metro | la bicicleta | el avión

● Voy en coche todos los días.

**frecuencia**
todos los días
una vez por semana
dos veces al mes / al año
(casi) nunca

✎ 9

c. La sorpresa de Marisa para sus amigos.
¿Te acuerdas de la sorpresa que tiene preparada Marisa para sus amigos? Resuelve el crucigrama para averiguar los planes que tiene Marisa.

1. iglesia grande e importante
2. lugar con cuadros de pintores famosos
3. lugar donde se puede comer
4. medio de transporte en la ciudad
5. lugar donde se ven espectáculos y conciertos
6. lugar donde trabajan médicos y enfermeras

La sorpresa de Marisa:
*Buscar un* ................................

# 6 Por la ciudad

El transmilenio es un sistema de transportes que funciona como el metro, pero con autobuses.

## Buscamos el tesoro de Bogotá

**8  a. Primera pista. ¿Cómo vamos? Escucha.** ▶▶ 51

¿Quieres participar en la búsqueda del tesoro? Helma conoce el camino porque trabaja en el lugar donde se guarda. Lee primero las frases, escucha y ordénalas.

- ☐ Toma la línea G en dirección a Ricaurte.
- ☐ Primero Helma va en bicicleta hasta la parada Portal del Sur del transmilenio.
- ☐ Baja en Avenida Jiménez, son dos paradas.
- ☐ Baja en Ricaurte, allí cambia a la línea F.
- ☐ Va a pie unos cinco minutos.

**b. Para llegar a mi casa.**

Tienes visita de Colombia. Describe a tu visita el camino del aeropuerto hasta tu casa usando medios de transporte.

| viajar en autobús / metro / tren | |
|---|---|
| Primero | Toma/s el autobús / la línea X en dirección a… |
| Después | Baja/s en la próxima parada / estación. |
| Al final | Tiene/s que cambiar a la línea… |

*Primero tomas el metro. Bajas….*

**tener que**

**tener que** + infinitivo
Tengo que tomar el metro.

**9  a. Segunda pista. ¿Dónde está el mapa del tesoro?** ▶▶ 52

Para el siguiente tramo a pie necesitas el mapa del tesoro. Escucha y lee la descripción del camino. Subraya las expresiones que escuches. Luego dibuja el camino en el mapa a partir de la flecha. ¿Dónde está el mapa del tesoro?

Primero usted toma la  primera / segunda / tercera  calle a la derecha y después sigue todo recto hasta  el hospital / el semáforo . Allí gira  a la derecha / a la izquierda . Es la calle 11. Sigue todo recto hasta  la calle / la plaza . Usted tiene que cruzar la plaza. Allí,  enfrente / al lado  de la plaza está el edificio. ¿Qué es?

**La Candelaria**
1 Plaza de Bolívar
2 Capitolio Nacional
3 Catedral
4 Iglesia Santa Clara
5 Teatro Colón
6 Palacio de San Carlos
7 Museo Botero

**b. En parejas. Una pausa antes de llegar.**

Antes de emprender los últimos pasos hacia el tesoro, haz un ejercicio de calentamiento. Describe con gestos un camino que normalmente haces a pie. Tu compañero lo traduce en palabras en su cuaderno. ¿Concuerda la descripción con tu camino?

**c. En parejas. Juntos al tesoro.**
Has encontrado el mapa del tesoro. Para llegar a él tienes que descifrar los jeroglíficos. Completad en parejas la descripción del camino.

| describir un camino | |
|---|---|
| Toma/s | la tercera calle a la derecha. |
| Sigue/s | todo recto hasta el semáforo. |
| Cruza/s | la calle / la plaza. |
| Gira/s | a la izquierda / a la calle XY. |

| seguir |
|---|
| sigo |
| sigues |
| sigue |
| seguimos |
| seguís |
| siguen |

Desde la Catedral usted ............................................. por la Carrera siete en dirección a la Avenida Jiménez. Toma la ............................................. y luego la ............................................. . Después tiene que seguir todo recto y ............................................. . Enfrente hay un edificio. Allí está el tesoro.

10 – 16

**d. ¿Dónde está el tesoro?**
Con ayuda de la descripción descifrada, dibuja el resto del camino en el mapa de la ciudad. ¿Dónde está el tesoro?

**10 a. El tesoro de Bogotá.**
Si has descifrado correctamente el pergamino, has encontrado el tesoro: el Museo del Oro. Allí recibes este folleto. Ordena las partes del texto.

**b. Preguntas al guía del museo.**
Formula tres preguntas que te gustaría hacer a un guía del museo.

**c. ¿Hay un "tesoro" en tu ciudad? ¿Cómo es?**

# El museo del oro

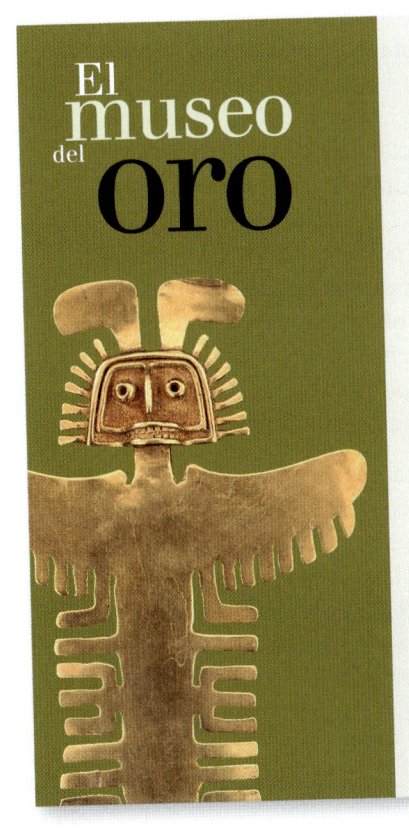

☐ La segunda planta presenta un viaje por las culturas antiguas con la exposición *"La gente y el oro en la Colombia prehispánica"*, que muestra la importancia simbólica y religiosa del oro para estas culturas.

☐ Bienvenido al Museo del Oro, el tesoro de la ciudad de Bogotá y uno de los tesoros del mundo. Este lugar único muestra la historia de nuestro país. En las tres plantas del museo tenemos más de 35.000 piezas de oro y 30.000 objetos de otros materiales. Hay figuras y objetos preciosos, fabricados con técnicas muy sofisticadas. ¡Tienen hasta dos mil años! Es impresionante pero difícil explicarlo con palabras: tiene que verlo.

☐ En la primera planta están los objetos que no son de oro, pero son también obras maravillosas, por ejemplo las preciosas figuras de cerámica. Para ver las piezas de oro, tiene que subir a la segunda y a la tercera planta.

☐ Después de la visita, ¿qué tal una pausa en la cafetería para disfrutar de otro tesoro de nuestro país: el café de Colombia?

☐ Luego, en la tercera planta, hay una parte de la famosa colección de piezas de oro y también uno de los tesoros del museo: la barca de oro de "El Dorado", origen del famoso mito.

# 6 Por la ciudad

## Tarea final  Un paseo por nuestra ciudad

**a. En grupos. Un folleto para turistas hispanohablantes en tu ciudad.**
El ayuntamiento de tu ciudad te pide ayuda para elaborar el folleto. Describe la ciudad o un barrio interesante y también un posible recorrido turístico.

Ciudad o barrio:
..........................................................................................

Monumentos:
..........................................................................................

Museos:
..........................................................................................

Restaurantes:
..........................................................................................

Cafés:
..........................................................................................

Tiendas:
..........................................................................................

**UN PASEO POR** ..........................

Aquí tenéis el barrio de…
Es un barrio…
Aquí se puede…
Además, están los restaurantes…
y el café… para tomar…
Y, finalmente, para comprar, podéis ir a…

Propuesta de recorrido:
..........................................................
..........................................................
..........................................................

**b. Presenta tu folleto a la clase.**
Tus compañeros te pueden hacer preguntas.

**Portfolio**
Guarda el folleto en tu dosier.

---

**¿Qué me llevo de esta etapa?**

Has aprendido a describir lo que hay en un lugar y a decir dónde está. Esta unidad ha tenido que ver con tesoros. ¿Qué tesoros te quieres llevar?

- Palabras y expresiones para describir una ciudad.
- Cinco edificios que hay en todas las ciudades.
- Tres tiendas cerca de tu casa.
- Expresiones para explicar cómo ir a un lugar.
- Medios de transporte (ordenados de más lento a más rápido).
- Preguntas útiles para un turista.
- Información sobre Sevilla y Bogotá.
- Cuando contamos algo es importante darle una estructura al texto, por ejemplo con:

    *Primero,* ..........................................................

- Entender el español hablado siempre es difícil. Normalmente es suficiente comprender de qué se trata, pero a veces es necesario entender también los detalles, por ejemplo, en el caso de las descripciones de rutas. La dificultad en sí no está en la comprensión, sino en retener todos los detalles. Por eso es útil interrumpir al interlocutor y repetir las informaciones importantes. De este modo nos aseguramos de que hemos entendido todo bien.

- Para aprender a usar las preposiciones puede ser útil hacer dibujos o acompañar las palabras con una ayuda visual (por ejemplo, **a** con una flecha porque indica la dirección). Otra posibilidad es relacionarlas con movimientos. Intenta decir en alto y con ritmo moviendo los brazos en la dirección pronunciada: a la derecha, a la izquierda, delante, detrás. ¿Conoces otras técnicas?

# Panamericana

**En Colombia con Helma.**
La primera parte de esta etapa la hacemos en barco, porque entre Panamá y Colombia no hay carretera. Helma nos presenta algunos aspectos interesantes de su país.

Me llamo Helma Gómez y soy de Bogotá. Hablar de Colombia es hablar de música, de baile, de selva, de mar… Se dice que los colombianos tienen tres pasiones: el fútbol, el baile iy las telenovelas!
▪ Y ahora tú: ¿sabes de dónde viene el nombre de Colombia?*

Es difícil presentar mi país en pocas palabras: tenemos grandes metrópolis, pero también una naturaleza muy variada con los Andes, la selva amazónica y las costas del Pacífico o del Caribe. Allí hay ciudades hermosas como Cartagena y Barranquilla, el lugar de origen de uno de los ritmos latinos más populares: la cumbia. ¿Sabe quién es también de Barranquilla? La cantante Shakira.
▪ Y ahora tú: ¿te gusta la música de Shakira? ¿Qué cantantes del mundo hispano conoces?

**Medellín**

El 80 % de la población vive en Bogotá, la capital, y en Medellín. Como en muchas ciudades de Latinoamérica, las calles no tienen nombre sino números. Se llaman "calles" cuando van de norte a sur y "carreras" cuando van de este a oeste. Sólo las avenidas tienen nombre.
Las ciudades colombianas son muy dinámicas. La gente va en coche o en autobús. En Bogotá usted ya conoce el transmilenio, pero hay también otro tipo de autobuses que conectan los pequeños pueblos.
▪ Y tú: ¿cómo vas al trabajo? ¿Y a la clase de español?

Estamos muy orgullosos de Gabriel García Márquez, nuestro Premio Nobel de Literatura, y de Fernando Botero, quizá el pintor y escultor más famoso de Latinoamérica. Sus figuras son gordas y bellas.
▪ Y ahora tú: ¿te gustan las obras de Botero? ¿Conoces a otros pintores del mundo del español?

Colombia tiene muchas cosas para descubrir. ¿Por qué no visita mi país algún día? Adiós, buen viaje.

**¿Preparados para Colombia?**
Resuelve el crucigrama para conocer otro medio de transporte de Bogotá.

1. Pintor colombiano.
2. Música típica del Caribe.
3. Famosa cantante de rock.
4. Metrópolis colombiana.
5. Una pasión de los colombianos.
6. Sistema de transportes en Bogotá.

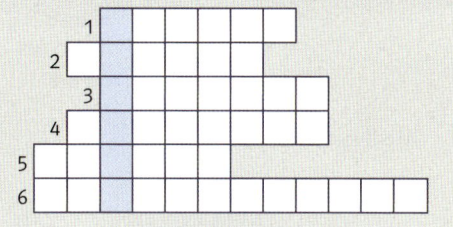

*de Cristóbal Colón

**Shakira**

**escultura de Botero**

# 6 Por la ciudad

## Comunicación

**Describir una ciudad**

> En el Barrio de Santa Cruz hay muchos bares.
> Hay cuadros de pintores famosos en el museo.
> Sevilla es una ciudad con mucho ambiente.

**Preguntar y decir dónde se encuentra una cosa**

> ¿Dónde hay un restaurante por aquí?
> La Bodega Santa Cruz está cerca de la Giralda.
> ¿Dónde está la tumba de Cristóbal Colón?

**Pedir información**

> ¿Dónde se pueden comprar sellos?
> ¿Tiene/n un plano de la ciudad?
> ¿Me puede recomendar un hotel barato?
> ¿Sabe si el Alcázar abre los lunes?
>
> ¿A qué hora cierra el Museo de Bellas Artes?
> ¿Cuánto cuesta una entrada para el concierto?
> ¿Hay visitas guiadas en la catedral?
> ¿De dónde sale el autobús para Triana?

**Describir el camino**

> Coge/s / Toma/s la primera calle a la derecha.
> Sigue/s todo recto (hasta el semáforo).
> Cruza/s la plaza.
> Gira/s a la derecha / a la izquierda.

**Indicar el camino con medios de transporte**

> Coge/s / Toma/s el autobús (número 8).
> Tiene/s que tomar la línea verde en dirección a…
> Cambia/s en… / a la línea verde.
> Baja/s en la próxima parada / estación.

**Los días de la semana**

> lunes        viernes
> martes       sábado
> miércoles    domingo
> jueves

**Medios de transporte**

> Vamos / Me gusta ir
>   en avión.
>   en tren.
>   en coche.
>   en autobús.
>   en metro.
>   en bicicleta.
>   a pie.

**El orden**

> primero
> después
> luego
> al final

**Expresar necesidad**

> Tengo que comprar sellos.
> Tienes que coger/tomar el autobús.
> Tiene que cruzar la plaza.

# Gramática

**El uso de** hay **y** está/n

¿Dónde **hay** un restaurante típico?
**Hay** dos confiterías en la calle Sierpes.
En el Barrio de Santa Cruz **hay** muchos bares.

Cuando nos referimos a la existencia de una cosa o a la celebración de un evento que no sabemos si nuestro interlocutor conoce, usamos **hay**, por ejemplo delante de un artículo indefinido, números, **mucho** o **poco**.

¿Dónde **está** la oficina de turismo?
La bodega **está** cerca de la Giralda.
¿Dónde **están** los cuadros de Goya?

Cuando nos referimos a la ubicación de una cosa que creemos identificable o conocida por nuestro interlocutor usamos **estar**.

**Adverbios de lugar**

| | | | |
|---|---|---|---|
| a la derecha (de) | detrás (de) | al lado (de) | entre |
| a la izquierda (de) | cerca (de) | enfrente (de) | aquí |
| delante (de) | lejos (de) | en | allí |

**La contracción de preposición y artículo**

- Vamos **a la** Giralda.
- ¿Para ir **al** Barrio de Santa Cruz?

○ Está al lado **de la** catedral.
○ Está cerca **del** Alcázar.

a + el = **al**
de + el = **del**

**Usos de** a **y** en

Vamos **a** España.
Voy **al** teatro a las ocho.

Helma vive **en** Bogotá.
Va **en** autobús.

La dirección (*¿adónde?*) se indica con **a**, lugares (*¿dónde?*) y medios de transporte con **en**.

**El verbo** ir

| | ir |
|---|---|
| yo | voy |
| tú | vas |
| él / ella / usted | va |
| nosotros/-as | vamos |
| vosotros/-as | vais |
| ellos / ellas / ustedes | van |

**La irregularidad** e → i

| seguir |
|---|
| si**g**o |
| si**g**ues |
| si**g**ue |
| seguimos |
| seguís |
| si**g**uen |

Otros verbos con esta irregularidad: **pedir**, **servir**.
En la 1ª persona de singular (si**g**o) desaparece la **u**.
En las demás formas es necesaria para mantener la pronunciación de la **g** delante de **e** e **i** (como en **gu**itarra).

setenta y uno | **71**

# El placer de viajar

## muchoviaje
mucho más que viajar

### ¿Por qué Mallorca?
Un avión a Mallorca. Cien pasajeros y cien motivos: a uno le gusta el ambiente cosmopolita de Palma, al segundo la naturaleza. Otros buscan playas con animación. Mallorca es perfecta para todos.

### Palma de Mallorca
La capital de las Baleares ofrece todo para el turista urbano: cultura, monumentos, compras. En el centro histórico se puede visitar la catedral o comer una ensaimada (el dulce típico mallorquín) en un café tradicional.

### La sierra de Tramontana
En el norte de la isla los amantes del senderismo encuentran rutas de montaña, pero también cultura, por ejemplo conciertos de piano en Valldemosa o galerías de arte en Pollensa.

# 7

reservar una habitación de hotel • pedir información • expresar acuerdo y desacuerdo • hablar de experiencias • escribir una postal • hacer una reclamación • disculparse

## Especial Mallorca
## ISLAS

**1** **¿Qué se puede hacer en Mallorca?**
Lee el folleto y menciona algunas posibilidades. Estas palabras te pueden ayudar.

visitar | hacer | tomar | ir a | comer | …

monumentos | ensaimadas | galerías de arte | senderismo | excursiones | la catedral de Palma | el sol | deporte | la montaña | el tren de las naranjas

● En Mallorca se pueden hacer excursiones a la montaña.

### El tren de las naranjas

Un recorrido nostálgico en tren, el antiguo medio de transporte de las naranjas. Vamos desde Palma hasta Sóller a través de montañas y valles de naranjos. ¡Un día inolvidable!

### Las playas del este

Para descansar en la playa, tomar el sol, nadar o practicar deporte, la costa este tiene lugares hermosos. Pero la zona ofrece también pueblos románticos, restaurantes típicos, discotecas y clubes.

setenta y tres | 73

# 7 El placer de viajar

### HOTEL ISLAS ★★★
Palma

**Situación** en Palma, a 10 min. del centro histórico.
**Alojamiento** habitaciones con baño completo, calefacción, aire acondicionado, teléfono, TV y minibar.
**Servicios** desayuno continental, restaurante con terraza, gimnasio, sauna, piscina, discoteca, garaje.

1

### FINCA AGROTURÍSTICA
Tramontana

**Situación** en la Sierra de Tramontana, a 1 km de la costa.
**Alojamiento** 6 habitaciones dobles con muebles tradicionales y baño.
**Servicios** restaurante con cocina tradicional, 1.000 m² de jardín, piscina. Campo de golf cerca.

2

### APARTAMENTOS VERDEMAR ★★★★
Santa Ponsa

**Situación** en Santa Ponsa, primera línea de playa con vistas al mar.
**Alojamiento** 2 dormitorios con 5 camas, salón-comedor con sofá-cama, TV. Baño y cocina amueblados. Terraza con mesa y sillas.
**Servicios** Se pueden alquilar bicicletas. Aparcamiento.

3

## ¿Te gusta esta habitación?

**2 a. Lee los anuncios.**
¿Qué alojamiento ofrece estos servicios? ¿Cuál prefieres tú? ¿Por qué?

**b. Busca en los anuncios las cosas que hay…**
– en la habitación
– en el hotel
– fuera del hotel

**c. ¿Piscina o discoteca?**
Haz una lista de los cinco aspectos más importantes para ti. Luego, comparad vuestras prioridades.

**3 a. Ordena este diálogo y luego comprueba con el CD.** ▶▶ 53
¿A qué alojamiento de los anuncios se refiere?

**cliente**
- [ ] Perfecto. ¿Da a la calle? ¿Es ruidosa?
- [1] Buenos días, ¿tienen habitaciones libres?
- [ ] Muchas gracias.
- [ ] ¿Tranquilas? Muy bien. ¿Cuánto cuesta?
- [ ] ¿El precio es con desayuno incluido?
- [ ] Muy bien. ¿Tienen aire acondicionado?
- [ ] Sí, claro… Aquí tiene.
- [ ] Individual, para cuatro noches.

**recepcionista**
- [ ] 95 euros la noche.
- [ ] No, es muy tranquila. Todas nuestras habitaciones son exteriores, pero muy tranquilas.
- [2] ¿Doble o individual?
- [ ] Sí, es desayuno continental.
- [ ] A ver… Sí, tenemos una en la segunda planta.
- [ ] Por supuesto. ¿Puede completar este formulario?
- [ ] Muy bien. Habitación 45. Aquí tiene la llave.

✎ 1-3

**una habitación**
doble / individual
exterior / interior
tranquila / ruidosa
con ducha / baño completo
con balcón / vistas al mar
con televisión / internet
con garaje / piscina
para 3 noches / 1 semana

**b. En dos grupos. Buscamos un hotel.**
Un grupo son turistas que quieren reservar un hotel. Piensan y anotan el tipo de habitación, el precio, los servicios que quieren, la duración de las vacaciones, etc.
El otro grupo son hoteleros y escriben anuncios. Después, los "turistas" hablan con los "hoteleros". ¿Encuentran el hotel que buscan?

## ¿Qué me recomienda?

**4** **a. Pedro busca un hotel en Mallorca para sus padres.** ▶▶ 54
Escucha el diálogo en una agencia de viajes. ¿Qué lugar le recomiendan? Después, escucha otra vez y marca las preferencias de los padres.

|  | a él | a ella |
|---|---|---|
| le gusta la montaña | ☐ | ☐ |
| le encanta la playa | ☐ | ☐ |
| le molesta el ruido | ☐ | ☐ |
| le gusta el senderismo | ☐ | ☐ |
| le interesa la naturaleza | ☐ | ☐ |
| le interesa un hotel exclusivo | ☐ | ☐ |

**Puerto de Sóller**

**b. Mira la tabla. ¿Qué formas ya conoces?**
Luego completa el resumen de la empleada de la agencia de viajes.

| pronombres tónicos | | pronombres átonos | |
|---|---|---|---|
| (A mí) | | me | |
| (A ti) | | te | gusta Mallorca. |
| (A él / ella / usted) | (no) | le | encantan los museos. |
| (A nosotros/-as) | | nos | interesa hacer deporte. |
| (A vosotros/-as) | | os | molesta el ruido. |
| (A ellos / ellas / ustedes) | | les | |

> **Información cliente**
> El cliente busca un hotel para sus padres. A ellos ............ interesa un hotel cerca del mar porque a los dos ............ gusta la playa. Buscan una pensión económica, y no ............ molesta el ruido. A él ............ gusta el deporte, especialmente el golf. A ella ............ interesa la naturaleza.

Cuando queremos resaltar la persona usamos junto a **me**, **te**, **le**… también **a** + pronombre tónico.
• ¿Qué **les** gusta a sus padres?
○ **A él le** encanta el senderismo y **a ella** la playa.

✎ 4, 5

**c. ¿Hay información incorrecta en el resumen? ¿Puedes corregirla?**

## Gustos y preferencias

**5** **a. En parejas. ¿Qué es importante para ti en las vacaciones?**
Menciona cinco aspectos. Tu compañero escribe un resumen. Luego al revés.

• No me gusta la montaña, pero me encanta la playa… *A Martina no le gusta…*

**b. Mira la tabla. ¿Qué significan también y tampoco?**

| afirmación | acuerdo | desacuerdo |
|---|---|---|
| • Me encanta la playa. ☺ | ○ A mí también. ☺ | ■ A mí no. ☹ |
| • No me gustan los hoteles. ☹ | ○ A mí tampoco. ☹ | ■ A mí sí. ☺ |

setenta y cinco | 75

# 7 El placer de viajar

**6  a. En parejas. Comparad vuestros intereses en las vacaciones.**

- visitar lugares históricos
- los hoteles con animación
- viajar con la familia
- descansar
- el senderismo
- tomar el sol
- hacer cámping
- el ruido
- practicar deporte

● A mí me molesta el ruido.
○ A mí también.

● A mí no me gusta viajar con la familia.
■ A mí sí…

**b. Ahora pensad en un lugar de vacaciones que os interesa a los dos.**

● A Christian y a mí nos gusta el senderismo, por eso vamos a la sierra de Tramontana.

**7  a. Completa estas frases útiles para viajar (hay muchas posibilidades).**

1. ¿Dónde puedo alquilar .................................................................................................................?
2. ¿A qué hora sale el próximo .........................................................................................................?
3. ¿Está incluido ................................................................................................................................?
4. ¿Me puede decir dónde hay .........................................................................................................?
5. ¿Nos pueden poner una cama extra para ...................................................................................?
6. Quería un billete de ida y vuelta para .........................................................................................

**b. En parejas. Tu compañero lee sus frases de 7a en voz alta. Escucha.**
¿Qué importancia tienen sus preguntas para ti? Escribe el número de cada frase en la flecha. Luego lee tus frases a tu compañero. ¿Hay muchas diferencias?

poco importante →→→→→→→→→→→→→→→→→→→→→→→→ muy importante

No todas las preguntas tienen la misma importancia. Aprende las cosas importantes para ti. Ejercicios como estos te ayudarán.

**verbos con -g-**

hacer: **hago**, haces, …
poner: **pongo**, pones, …
venir: **vengo**, vienes, …
decir: **digo**, dices, …
traer: **traigo**, traes, …

9, 10

**8  a. ¿Cómo buscas tú estos verbos en el diccionario?**
Escribe los infinitivos.

| bebo ............... | prefiero ............... | son ............... | vengo ............... |
| digo ............... | quieres ............... | tengo ............... | vamos ............... |
| pongo ............... | salgo ............... | traigo ............... | vuelve ............... |

**b. En parejas. Gimnasia verbal.**
Jugad en parejas con una moneda. Por turnos uno dice un infinitivo y tira la moneda. Si sale cara, el otro dice la forma para **yo**; si sale cruz, la forma para **usted**.

**c. El rap del viajero.**  ▶▶ 55
Completa el rap, luego escucha y comprueba. Y si quieres: ¡a cantar!

Hago, pongo, salgo, digo, traigo, vengo
¿Qué haces?   _Hago_........... la maleta.
¿Qué pones?   ............... las cosas.
¿Cuándo sales?   ............... mañana, mañana.

¿Qué dices?   ............... "Adiós, adiós".
¿Qué traes?   ............... muchos regalos.
¿Cuándo vienes?   ............... pronto, pronto.
Hago, pongo, salgo, digo, traigo, vengo

76 | setenta y seis

# Experiencias de viajes

**9** **a. Un viaje a otra isla.**
Hablamos del Mar Caribe, la salsa, el ron y el tabaco.
¿Qué isla es? ¿Qué más asocias tú con esta isla?

**b. Lee la postal y marca las actividades de Lucía en sus vacaciones.**

- ☐ visitar La Habana
- ☐ ir a un concierto
- ☐ pasear por la playa
- ☐ tomar el sol
- ☐ nadar
- ☐ beber ron
- ☐ pasear por el Malecón
- ☐ visitar una fábrica de tabaco

Queridos Javi y Montse:

¡Cuba es una maravilla! En estas vacaciones he vivido experiencias inolvidables.
Hasta ahora he visitado el centro histórico de La Habana, he paseado por el Malecón y he bailado salsa (sí, sí, ¡yo!). Pero también he visto el famoso Ballet Nacional de Cuba y he ido a un concierto al aire libre.
Esta mañana he hecho una excursión a una fábrica de tabaco. Hemos ido en autobús, que aquí se llama "guagua". Todavía no he tenido tiempo para tomar el sol en la playa o nadar en el Caribe – y sólo tengo dos días más. ¡Es que el tiempo pasa volando! No quiero volver a España ☹.
Y vosotros, ¿ya habéis comprado los billetes para Mallorca?

Un abrazo, Lucía

**c. Un tiempo nuevo. Marca en la postal todos los verbos en perfecto.**
¿Cuál es el infinitivo? ¿Cómo se forma el pretérito perfecto?

| el pretérito perfecto | | | formas irregulares | |
|---|---|---|---|---|
| he | | | decir | dicho |
| has | visit............ | -ar | hacer | ............ |
| ha | com**ido** | -er | poner | puesto |
| hemos | viv............ | -ir | ver | ............ |
| habéis | | | escribir | escrito |
| han | | | volver | vuelto |

**10** **a. Completa estas preguntas con las formas del perfecto.**

comer | dormir | estar | hablar | hacer | pasar | visitar

1. ¿Has ........................... alguna vez en un hotel de 5 estrellas? ¿Dónde?
2. ¿Has ........................... platos típicos de México? ¿Cuáles?
3. ¿Has ........................... español en un viaje? ¿Con quién?
4. ¿Has ........................... en España o en Latinoamérica? ¿Dónde?
5. ¿Has ........................... una mezquita? ¿Dónde?
6. ¿Has ........................... un viaje organizado? ¿Adónde?
7. ¿Has ........................... alguna vez las vacaciones en tu país? ¿Dónde?

**b. Una encuesta en grupos de tres.**
Haz las preguntas a dos compañeros y luego presenta dos informaciones interesantes o curiosas.

---

El pretérito perfecto se usa:
- para hablar de acciones pasadas dentro de un periodo de tiempo que incluye el actual o que es muy cercano. Los marcadores temporales suelen ser *hoy, esta semana, este mes, este año, últimamente…*
- para hablar de una acción pasada cuando el momento no es relevante. Los marcadores temporales suelen ser *alguna vez, todavía (no), ya, (no)… nunca.*

✎ 11, 12

# 7 El placer de viajar

**c. ¿Verdadero o falso?**
Cada uno piensa en cosas que ha hecho en sus vacaciones y escribe una lista de cinco actividades: cuatro verdaderas y una falsa. Lee la lista. ¿Quién adivina la falsa?

**11 En parejas. La preparación de un viaje.**
Marca en la lista tres cosas que ya has hecho para preparar el viaje.
Tu compañero tiene cinco intentos para adivinarlas. Luego, al revés.

- comprar los billetes
- comprar una guía
- preparar los documentos
- alquilar un coche
- comprar un bañador
- hacer la maleta
- llamar al hotel
- ir al banco

● ¿Has comprado los billetes?
○ No, todavía no. /
   Sí, ya los he comprado.

**12 a. Grizel habla de sus vacaciones. Escucha y toma notas.** 56
¿Adónde ha ido? ¿En qué medio de transporte? ¿Qué tal el viaje?

**b. Escucha otra vez y marca las informaciones correctas.**

☐ Los autobuses son muy buenos.
☐ Yucatán le ha gustado mucho.
☐ Ha viajado mucho en coche.
☐ Las ciudades mayas le han impresionado mucho.
☐ Ha comido platos típicos muy ricos.
☐ Ha tenido muchos problemas en el viaje.

**c. Fíjate en el siguiente cuadro.**
¿Entiendes cuándo se usa **muy** y cuando **mucho**?

| mucho/-a/-os/-as | muy / mucho |
|---|---|
| mucho tráfico | Es una casa **muy** bonita. |
| mucha gente | Aquí se vive **muy** bien. |
| muchos hoteles | Me interesa **mucho**. |
| muchas ideas | Vamos **mucho** a la playa. |

............ se usa delante de adjetivos y adverbios
............ **se usa** después de verbos

**d. En un viaje no todo es maravilloso. Completa con muy o mucho.**

"A nosotros nos gusta ...*mucho*........... viajar, pero a veces es ................ caro, sobre todo si vamos a un hotel. Tenemos ................ problemas porque somos una familia ................ grande y por eso vamos ................ a la casa de los abuelos en el campo. Además, para mí es ................ difícil encontrar un hotel adecuado porque el ruido me molesta ................ Este año, por ejemplo, he viajado ................ y he estado en ................ hoteles ................ ruidosos. Silencio, yo necesito ................ silencio."

13

## No hay nada perfecto

**13** **a. Escucha. ¿Dónde pasan estas situaciones?** 57–59
¿Cuál es el problema en cada caso?

**b. Escucha otra vez y lee los diálogos.**
Luego busca las expresiones
para completar la tabla de abajo.

1.
- Oiga, por favor.
- Dígame.
- Perdone, pero no he pedido sopa, sino ensalada.
- ¿Ensalada? Disculpe, ahora mismo la traigo.
- No pasa nada.

¡CAMARERO! ME PARECE QUE EL PULPO ESTÁ POCO HECHO...

PERDONE, SEÑOR. ¿QUIZÁS PREFIERE UN FILETE DE TERNERA?

2.
- Buenas noches.
- Buenas noches. ¿En qué le puedo ayudar?
- Mire, es que tengo un pequeño problema. He reservado la habitación con bañera y sólo tengo ducha.
- Lo siento. Ha sido un error. Enseguida le damos una con bañera.
- Está bien. Gracias.

3.
- Buenas tardes.
- Buenas tardes. Mire, ya hemos llamado por teléfono. Tenemos un problema con el coche que hemos alquilado esta mañana. Es que el aire acondicionado no funciona.
- Ah sí, perdone las molestias. Ya tenemos otro coche para usted. Aquí están las llaves.
- Gracias. Muy amable.

| dirigirse a alguien | reclamar | disculparse | aceptar disculpas |
|---|---|---|---|
| | | | |
| | | | |
| | | | |
| | | | |

**c. El tono en la frase es importante.** 60
No es tan importante lo que se dice sino cómo se dice. Escucha algunas frases de los diálogos anteriores y subráyalas. Luego intenta decirlas con un tono diferente: enfadado, con prisa, de buen humor, inseguro.

**d. En parejas. Reclamar, disculparse y aceptar disculpas.**
Elegid un ejemplo de cada situación y representad los diálogos.

**Has pedido**
agua con gas
pizza con salami
vino blanco

**pero recibes**
agua sin gas
pizza con jamón
vino tinto

una habitación exterior
una habitación con bañera
una habitación con balcón

una interior
una con ducha
una sin balcón

14–17

# 7 El placer de viajar

## Tarea final  Una postal de las vacaciones

**Tu grupo ha hecho un curso intensivo de español en Sevilla (o en otro lugar).**
En grupos de tres, escribid una postal a vuestro profesor sobre vuestras experiencias.

**Portfolio**
Guarda la postal en tu dosier.

*Sevilla*

Querido/-a...

Saludos desde...
El curso es...
Ya hemos aprendido...
El hotel / apartamento es..., tiene...
En el tiempo libre hacemos excursiones. Ya hemos...
Pero todavía no hemos.... Nos interesa ver también...
De las comidas típicas ya hemos probado...

Besos,

---

Esta lección ha sido un pequeño viaje. Has aprendido palabras y expresiones muy útiles para viajar. ¿Qué cosas traes de tu viaje?

*¿Qué me llevo de esta etapa?*

- Preguntas útiles para hacer reservas.

- Aspectos importantes para ti en un hotel o apartamento.

- Dos de tus actividades preferidas en las vacaciones.

- Expresiones para reclamar, disculparse y aceptar disculpas.

- Información sobre Mallorca y Cuba.

- Expresiones para escribir una postal.

- ¿Qué temas de gramática son tus "recuerdos" preferidos de esta lección?

- Una actividad que has hecho…
hoy:            He
esta semana:
este mes:
este año:

- Con la postal de Cuba hemos visto que podemos deducir una nueva regla de gramática (cómo se forma el pretérito perfecto). Para aprender reglas puede ayudarte formularlas en tu lengua y escribirlas en tu cuaderno.

- Para recordar gramática nueva es útil aprender de memoria una frase modelo con la nueva estructura, por ejemplo para los pronombres:
*A mi padre no le gusta la playa.*
Ahora puedes construir muchas frases correctas como estos modelos, por ejemplo:
*A nosotros no nos interesan los viajes exóticos.*
¿Qué frase modelo quieres llevarte para recordar el pretérito perfecto?

- Además hemos visto que el ritmo es un truco para aprender palabras, como el rap del viajero. ¿Hay otras palabras que puedes aprender con ritmo?

el volcán Cayambe (5.700 m)

## Panamericana

**En Ecuador con Héctor.**
¡Hola! Me llamo Héctor Inca y soy ecuatoriano. Me encanta presentarles mi país.

Ecuador es el segundo productor de cacao de Latinoamérica. Tenemos varios tipos de cacao de muy buena calidad. Es la base del chocolate, que me gusta mucho, sobre todo el chocolate puro con 70 % de cacao.

■ *Y ahora tú: ¿te gusta el chocolate? ¿En qué momentos lo comes?*

En muchas regiones del país se puede hacer turismo rural en las "haciendas". Son casas tradicionales que ofrecen alojamiento y además muchas posibilidades para hacer excursiones. También hay haciendas en "la ruta del cacao" con visitas guiadas para ver su producción. Creo que es una idea muy buena estar en la naturaleza y además aprender cómo se produce el cacao.

■ *Y ahora tú: estás en una hacienda, pero no sabes si tiene desayuno. ¿Cómo lo preguntas?*

Si quiere pasar unos días inolvidables: las Islas Galápagos son un paraíso. Son catorce islas que están en el Océano Pacífico a casi 1.000 km del continente. Allí se pueden observar animales fabulosos como iguanas y tortugas. El 97 % del territorio es parque nacional. Las islas son un tesoro que tenemos que proteger.

■ *Y ahora tú: quieres reservar una noche de hotel en las Galápagos. Llamas por teléfono al hotel: ¿qué dices?*

árbol del cacao

Otro lugar que siempre recomiendo y que a mí me gusta mucho es el mirador de Catequilla. Por Catequilla pasa el meridiano cero, el ecuador, que divide el mundo en dos hemisferios. Allí hay un monumento de nuestras antiguas culturas que tiene más de nueve siglos. Es un observatorio natural a 2.800 metros de altura. El cielo toca la tierra, ¡maravilloso!

■ *Y ahora tú: ¿has estado alguna vez en un lugar extraordinario? ¿Dónde?*

Quito, la capital, es visita obligatoria porque forma parte del Patrimonio Cultural de la Humanidad. En Quito les recomiendo el museo Capilla del Hombre, donde están los cuadros y las esculturas de Oswaldo Guayasamín, un artista de fama internacional.

■ *Y ahora tú: en el museo ofrecen una visita guiada a las 11 de la mañana. Pero el guía llega tarde y se disculpa. ¿Qué dice? ¿Y cómo reaccionas tú?*

**Una postal de Ecuador.**
Imagina que pasas las vacaciones en Ecuador. Con las informaciones de Héctor, escribe una postal a un amigo.

ochenta y uno | 81

# 7 El placer de viajar

## Comunicación

**Reservar una habitación de hotel**

Busco una habitación…
doble / individual / exterior / interior
con ducha / baño completo / balcón / vistas al mar
para tres noches / una semana

**Pedir información**

¿El precio es con desayuno incluido?
¿El hotel tiene garaje / piscina / aire acondicionado?
¿Dónde puedo alquilar un coche / una bicicleta?
¿A qué hora sale el próximo autobús para Bilbao?

**Expresar acuerdo y desacuerdo**

|  | *Acuerdo* | *Desacuerdo* |
|---|---|---|
| • Me encanta la playa. | ○ A mí también. | ■ A mí no. |
| • No me gustan los hoteles. | ○ A mí tampoco. | ■ A mí sí. |
| • Viajo mucho. | ○ Yo también. | ■ Yo no. |
| • No fumo. | ○ Yo tampoco. | ■ Yo sí. |

**Frecuencia**

muchas veces
algunas veces
una vez
nunca

**Marcadores temporales**

hoy
esta mañana
esta semana
este mes / año

**Reclamar**

Oiga, por favor…
Mire, es que tengo un pequeño problema.
Tenemos un problema.

**Disculparse**

Disculpe.
Lo siento. Ha sido un error.
Perdone las molestias.

**Aceptar disculpas**

No pasa nada.
Está bien. Gracias.
Gracias. Muy amable.

82 | ochenta y dos

# Gramática

**Pronombres de objeto indirecto**

| tónicos | átonos | |
|---|---|---|
| (A mí) | me | |
| (A ti) | te | gusta viajar. |
| (A él / ella / usted) | le | encantan los museos. |
| (A nosotros/-as) | nos | interesa Mallorca. |
| (A vosotros/-as) | os | molesta el ruido. |
| (A ellos / ellas / ustedes) | les | |

Cuando queremos resaltar la persona usamos junto a **me, te, le**… también **a** + pronombre tónico. Sin embargo, los pronombres tónicos no pueden sustituir los átonos. Cuando el objeto está delante del verbo tiene que repetirse con un pronombre átono: **A mi madre le** gusta la playa.

**Muy y mucho**

| mucho/-a/-os/-as | muy / mucho |
|---|---|
| much**o** tráfico | Es una casa **muy** bonita. |
| much**a** gente | Aquí se vive **muy** bien. |
| much**os** problemas | Me interesa **mucho**. |
| much**as** ideas | Vamos **mucho** a la playa. |

**Mucho/-a** concuerda en número y género con el sustantivo.
**Muy** acompaña adjetivos y adverbios.
**Mucho** va detrás del verbo o va solo y es invariable:
¿Te gusta la montaña? -Sí, **mucho**.

**Verbos irregulares con -g- en la primera persona**

| hacer | poner | salir | traer | decir | venir |
|---|---|---|---|---|---|
| **hago** | **pongo** | **salgo** | **traigo** | **digo** | **vengo** |
| haces | pones | sales | traes | dices | vi**e**nes |
| hace | pone | sale | trae | dice | vi**e**ne |
| hacemos | ponemos | salimos | traemos | decimos | venimos |
| hacéis | ponéis | salís | traéis | decís | venís |
| hacen | ponen | salen | traen | dicen | vi**e**nen |

**El pretérito perfecto**

| haber | participio |
|---|---|
| he | |
| has | |
| ha | visit**ado** |
| hemos | com**ido** |
| habéis | viv**ido** |
| han | |

Las formas de **haber** van siempre delante del participo:
Yo no lo **he dicho**.
Se usa el pretérito perfecto
- para hablar de acciones dentro de un periodo de tiempo que todavía no está cerrado, a menudo en relación con **hoy, esta semana, este año.**
- para hablar de acciones sucedidas en un momento que no es relevante, por ejemplo con **alguna vez, todavía no, ya, muchas veces, (no)… nunca.**

**Participios irregulares**

| hacer | decir | poner | ver | ir | ser | abrir | escribir | volver |
|---|---|---|---|---|---|---|---|---|
| hecho | dicho | puesto | visto | ido | sido | abierto | escrito | vuelto |

ochenta y tres | 83

# Mirador

Después de dos terceras partes del recorrido, ahora tienes la ocasión de detenerte de nuevo para revisar lo aprendido.

## Hablamos de cultura: no todo es diferente

### 1 a. Bares, tapas y horarios.
Marca las respuestas. Puedes marcar más de una. No hay respuestas correctas ni falsas.

1. Un bar es para mí un lugar
   - [ ] para tomar copas.
   - [ ] para cenar.
   - [ ] para encontrarse con amigos.

2. Normalmente voy a un bar
   - [ ] por la mañana.
   - [ ] por la tarde.
   - [ ] por la noche.

3. Si voy con amigos a un bar de tapas
   - [ ] cada persona pide una o dos tapas.
   - [ ] pedimos tapas para todos.
   - [ ] una persona decide por todos.

4. Si voy con amigos a un bar,
   - [ ] cada uno paga su bebida / comida.
   - [ ] uno paga toda la cuenta.
   - [ ] la cuenta se divide entre todos.

5. En mi país cenamos normalmente
   - [ ] a las seis.
   - [ ] entre las seis y las ocho.
   - [ ] después de las ocho.

6. Si no hay una mesa libre
   - [ ] voy a otro bar / restaurante.
   - [ ] veo si en una mesa hay sólo una persona.
   - [ ] espero en la barra.

**b. Compara los resultados con los de tus compañeros. Luego escucha una entrevista espontánea con un grupo de hispanohablantes.** ▶▶ 61
¿Hay diferencias con tus respuestas? ¿Y también entre las personas que hablan?

### 2 Más que palabras.
¿Quieres ampliar tus conocimientos sobre la cultura de los países hispanohablantes? Relaciona.

1. Una cesta
2. La cuenta
3. En un taxi
4. El desayuno
5. La propina
6. Un estanco

- [ ] los pasajeros no se sientan al lado del taxista.
- [ ] en un restaurante la paga una persona o se divide entre todos.
- [ ] es una pequeña tienda que vende sellos, postales y cigarrillos.
- [ ] de Navidad es un regalo típico con especialidades de comida.
- [ ] no siempre está incluido en el precio de un hotel.
- [ ] es el dinero que se da al camarero por el servicio; se deja en la mesa.

# 8

**similitudes y diferencias culturales • autoevaluación • estrategias de aprendizaje • hablar y jugar**

## Ahora ya sabemos…

Antes de hacer el ejercicio, evalúate tú mismo marcando una de las caras dibujadas junto a cada tema. A continuación haz la prueba y compara el resultado con lo que has marcado. Comprueba los resultados preguntando a tus compañeros o al profesor cuando no estés seguro.

### 3 a. Comprar en el mercado.
¿Qué dice el vendedor? ¿Y el cliente?
¿Qué expresiones pueden usar los dos?

|    |                          | vendedor | cliente |
|----|--------------------------|----------|---------|
| 1. | Aquí tiene.              | ☐        | ☐       |
| 2. | ¿Algo más?               | ☐        | ☐       |
| 3. | Deme medio kilo.         | ☐        | ☐       |
| 4. | ¿Cuánto es?              | ☐        | ☐       |
| 5. | Eso es todo.             | ☐        | ☐       |
| 6. | ¿Los quiere para salsa?  | ☐        | ☐       |
| 7. | En total son 12 euros.   | ☐        | ☐       |
| 8. | Sí, 100 g de jamón.      | ☐        | ☐       |
| 9. | Lo siento, hoy no tengo. | ☐        | ☐       |
| 10.| ¡Hasta la próxima!       | ☐        | ☐       |

### b. Pedir información. 62
Lee estas respuestas. Después escucha las preguntas 1–4 y pon el número en la respuesta adecuada.

☐ En el estanco. Hay uno aquí cerca.
☐ Claro. El "Sol" es bueno y no es muy caro.
☐ No, es interior y muy tranquila.
☐ A las ocho de la tarde.

Ahora haz lo mismo con las preguntas 5–8. 63

☐ Sí, todos los días a las 11.
☐ En julio no, sólo en agosto.
☐ Entre 15 y 30 euros.
☐ En la próxima parada.

### 4 a. Describir una ciudad.
Piensa en una ciudad y toma notas.

¿Qué te gusta? ¿Cómo es? ¿Dónde está? ¿Qué no te gusta? ¿Qué hay?

### b. Un texto informativo o publicitario.
Escribe un texto informativo o publicitario sobre la ciudad sin mencionar el nombre.

### c. En parejas. ¿Qué ciudad es?
Intercambiad los textos. ¿Puedes identificar la ciudad de tu compañero?

# 8 Mirador

## Aprender a aprender

**5  Falsos amigos.**
Muchas palabras se parecen en distintos idiomas y son fáciles de entender, pero también existen los llamados falsos amigos. Son palabras que suenan igual o muy parecidas, pero que tienen un significado diferente. Mira estas diez palabras. ¿Se parecen a palabras de tu lengua o de otras que conozcas?

1. rizo
2. ganga
3. balón
4. nudo
5. suceso
6. carta
7. curso
8. latir
9. nota
10. tapa

**6  a. En parejas. Más técnicas para aprender vocabulario.**
Cada uno escribe 15 palabras en una hoja y se la da a su compañero. Éste memoriza en un minuto el mayor número posible de palabras. Luego da la vuelta a la hoja y escribe las palabras que recuerde. ¿Quién tiene más de 7?

**b. Tu estrategia.**
¿Has usado una técnica en particular? Para memorizar vocabulario se puede…

- usar las palabras en una historia
- relacionar las palabras con movimientos
- imaginar un cuadro
- clasificar las palabras por grupos
- crear parejas de antónimos
- construir una frase ejemplo
- hacer rimas
- decir las palabras en alto
- escribir las palabras

**c. Repite el experimento con otras palabras.**
Ahora intenta usar una nueva técnica con otras palabras. ¿Cuál es el resultado?

**7  a. ¿Cómo escuchamos en estos casos? Relaciona.**
Escuchar una lengua extranjera puede ser más difícil que leerla porque no vemos los espacios entre palabras y no podemos determinar nosotros mismos la velocidad. Dependiendo del tipo de texto –también en nuestra lengua materna– usamos distintas técnicas de comprensión. A menudo se trata de captar el sentido o de filtrar cierta información. Muy pocas veces se trata de entender detalles. ¿Te acuerdas de las siguientes audiciones? ¿Qué tipo de comprensión se requería?

1. captar el sentido
2. filtrar cierta información
3. entender todo exactamente

a. Preguntar la hora ▶ 33–38
b. Descripción de la ruta en Bogotá ▶ 52
c. Viaje de Grizel a Yucatán ▶ 56

**b. ¿Y cómo escuchamos en estas situaciones? Escribe el número adecuado.**

☐ Escuchas el pronóstico del tiempo en todo el país.
☐ Escuchas en la radio una entrevista con la actriz de moda.
☐ Un cocinero famoso prepara en la televisión una receta que tú quieres aprender.
☐ En el aeropuerto anuncian la salida de tu vuelo.
☐ Una persona te explica cómo llegar al centro desde la estación de tren.
☐ Escuchas un programa en la radio sobre turismo en Cuba.

## Terapia de errores

**8 a. Errores típicos.**
Ulrike está en Bolivia y escribe a una amiga española. ¿Cuántos errores encuentras?

**b. En parejas. Comparad vuestros resultados.**
Mira los tipos de errores en la página 47, ejercicio 11b y clasifica los errores. ¿Cuáles podrías cometer tú?

**c. Escribe ahora la carta sin errores.**
Ya tienes un modelo de carta para tu dosier.

---

Hola Montse:

¿Qué tal? Por fin soy en Bolivia. Vivo con una familia muy sympática. La madre se llama Carmen y trabaja en una officina a Cochabamba. El padre se llama Ignacio y es taxisto. Habla muy rápido y muchas vezes no entiendo nada.
Yo trabaja en una escuela al centro de Cochabamba (clases d'anglese). Me pagan mil cincuentos pesos. (¡Sí, 1.500!) Apriendo Español por la mañana pero está muy difícil.
Todavía he no ido a La Paz, La capital. Voy en octubre. Quiero la visitar y ver los museos y monumentos.
¿Y tu cómo estás? Vas en Allemania con coche?

Saludos
Ulrike

---

## Organizar un juego

**9 Nos vemos jugando.**

**Comer / beber**
Yo bebo vino.
Vosotros ...

**Comprar**
¿Dónde se compran sellos?

**Viajar**
Una habitación ruidosa ↔ ...

- Se reparten por estudiante 12 cartas de tres colores distintos (un color por tema **viajar**, **comer / beber**, **comprar**). Escribe en cada carta un ejercicio como en el ejemplo. Los ejercicios pueden abarcarlo todo: gramática, vocabulario o información.
- Se recogen todas las cartas y se disponen por colores en tres montones.
- Se forman grupos de cuatro. Cada grupo recibe el mismo número de cartas de cada color y las pone boca abajo sobre la mesa.
- Se juega en el tablero con una figura y un dado por jugador.
- Cada jugador empieza desde una esquina y avanza en el sentido de las agujas del reloj. El jugador coge el color de la carta que corresponde con el tema de la casilla donde ha caído y resuelve la tarea. Si la resuelve bien (eso lo decide el grupo), se queda la carta; si no, la vuelve a poner en el montón debajo de todas.
- El juega termina cuando no quedan cartas. El jugador con más cartas gana.

# Caminando

- jersey gris, 69€
- gafas de sol, 69€
- mochila roja, 49€
- sombrero amarillo, 19€
- anorak azul, 99€
- camiseta naranja, 29€
- neceser, 15€
- camisa a rayas, 49€

# 9

la ropa • los colores • el tiempo • hablar de la rutina diaria • hacer comparaciones • dar consejos • decir lo que está sucediendo

botas marrones, 149€

pantalones azules, 119€

falda azul, 29€

**1** **a. Mira las imágenes extraídas del catálogo de una tienda de ropa y complementos.**
¿Qué tipo de viaje crees que puede hacer una persona con estas cosas?

Un viaje de negocios
Una ruta de senderismo de tres días por la montaña
Un safari

**b. En parejas. ¿Qué hay en tu mochila?**
Haz una lista con tres de los objetos, pero en otro color. Tu compañero los tiene que adivinar. Tú sólo puedes contestar con 'sí' o 'no'. Luego, al revés.

| prenda de ropa | color |
|---|---|
| 1. | |
| 2. | |
| 3. | |

- ¿Hay un jersey azul en tu mochila?
- No.
- ¿Un jersey rojo?
- …

1, 2

blanco/-a
negro/-a
rojo/-a
amarillo/-a
gris
azul
verde
marrón
naranja
a rayas

ochenta y nueve | 89

# 9 Caminando

## El Camino de Santiago

**2** a. El autor de una guía turística habla del Camino de Santiago. ▶▶ 64
Primero relaciona las frases. Después escucha la entrevista con Suso Figueroa.

| | |
|---|---|
| 1. El Camino de Santiago es | es la primavera. |
| 2. La gente hace el Camino | por motivos turísticos o religiosos. |
| 3. La ruta más famosa | una ruta de peregrinación. |
| 4. La mejor época para hacer el Camino | son alojamientos sencillos y baratos. |
| 5. Los albergues de peregrinos | es el Camino Francés. |

b. Lee las frases y luego escucha otra vez. ¿Son verdaderas o falsas?

1. **La** ruta **más** famosa es el Camino del Norte.
2. El Camino del Norte es **más** largo **que** el Camino Francés.
3. Los motivos turísticos son **tan** importantes **como** los motivos religiosos.
4. **La mejor** época para ir a Santiago es verano, en julio o agosto.
5. Los albergues son **más** baratos **que** los hoteles, pero tienen **menos** comodidades.

c. La comparación. Lee otra vez las frases y completa la tabla.

| La comparación | |
|---|---|
| Desigualdad | Los hoteles son ............... caros ............... los albergues. |
| | Los albergues cuestan ............... **que** los hoteles. |
| Igualdad | El Camino del Norte es **tan** bonito **como** el Camino Francés. |
| Superlativo | La ruta ............... famosa es el Camino Francés. |
| | El mes **menos** atractivo es enero. |

### las estaciones del año
la primavera
el verano
el otoño
el invierno

### comparativos irregulares
grande → mayor
bueno → mejor
malo → peor

3–5

**3** ¿Más o menos? ¿Qué piensas tú?
Completa las frases con los comparativos. Luego, comparad los resultados.

1. Los hoteles del Camino son ............... cómodos ............... los albergues.
2. Para caminar, una mochila es ............... práctica ............... una maleta.
3. Para caminar es ............... llevar zapatos ............... sandalias.
4. En abril y mayo hay ............... turistas ............... en julio o agosto.
5. Enero y febrero son los meses con ............... peregrinos.
6. Llevar una chaqueta no es ............... práctico ............... un anorak.

90 | noventa

## El Camino, día a día

**4** **a. La vida cotidiana de un peregrino.**
Lee el artículo y busca un título para cada párrafo.

### EN CAMINO

Son las seis de la mañana. Sale el sol. Me levanto, me lavo y me pongo ropa cómoda. Desayuno con mis compañeros. Desayunamos bien porque necesitamos energía. El día es largo y queremos caminar muchos kilómetros. Todos nos ponemos también sombreros para no tener problemas con el sol.

Después de desayunar, estudiamos la ruta, nos concentramos en las etapas. Hemos dividido el camino en 30 etapas, caminamos unos 25 kilómetros cada día. A veces caminamos en silencio, a veces hablamos. Nunca nos aburrimos porque siempre hay cosas nuevas: conocemos a otros peregrinos de muchos países, vemos paisajes diferentes… No tenemos prisa. Cuando nos cansamos, hacemos una pausa y nos relajamos un poco. ¡Nuestros pobres pies!

Después de la comida, por la tarde, nos separamos. Yo sigo solo, a mi ritmo. Así tengo tiempo de tomar fotos, y hago pausas para escribir mi diario del viaje.

Por la noche dormimos en albergues para peregrinos. Nos duchamos y nos acostamos. Yo siempre me acuesto el último porque me gusta mirar las estrellas en el cielo. Si no llueve, claro…

**b. Busca en el texto los verbos reflexivos.**
Escribe los infinitivos en tu cuaderno.
¿Qué significan en tu idioma?
¿Tienen un funcionamiento diferente a otros verbos?

| | lavarse | |
|---|---|---|
| yo | **me** | lavo |
| tú | **te** | lavas |
| él / ella / usted | **se** | lava |
| nosotros/-as | **nos** | lavamos |
| vosotros/-as | **os** | laváis |
| ellos / ellas / ustedes | **se** | lavan |

Generalmente los pronombres reflexivos **me**, **te**, **se**… van delante del verbo conjugado. Sin embargo, con el infinitivo pueden ir detrás de la terminación: Quiero lavar**me**.

**c. ¿Qué hace el peregrino? Busca las actividades en el texto.**
¿Y tú, qué haces en la vida diaria?

antes de caminar: _se levanta a las seis,_

durante el camino: _conoce a otros peregrinos,_

después de caminar: _se ducha,_

✎ 6-8

noventa y uno | 91

# 9 Caminando

**conocer**
cono**zc**o
conoces
conoce
…

- ¿Conoces **a** Eva?
- Sí, la conozco.

Cuando el objeto directo es una persona se usa la preposición **a**.

✏ 9

**5** **a. ¿Por qué la gente hace el Camino?**
Relaciona los elementos de cada columna para encontrar los motivos.

| conocer | | la naturaleza |
| visitar | a | iglesias |
| disfrutar | de | otros peregrinos |
| encontrar | — | gente del lugar |
| | | la tranquilidad |
| | | lugares históricos |
| | | personas interesantes |

- Mucha gente hace el Camino para conocer a otros peregrinos.

**b. ¿Te duchas con agua fría? Pregunta a tus compañeros.**
Averigua quién hace las siguientes cosas. ¿Quién encuentra primero por lo menos una persona para cada frase?

- ducharse con agua fría
- aburrirse en las fiestas familiares
- cansarse en la clase de español
- concentrarse bien con música
- relajarse delante de la tele
- ponerse gafas para leer
- levantarse antes de las siete
- acostarse después de las once

**c. Presenta ahora a la clase algunos resultados de la encuesta.**

**6** **a. Escucha a estas chicas que van a hacer el Camino de Santiago.** ▶▶ 65
Marca en las páginas 88-89 las cosas que tienen que comprar.

|  | masculino | femenino |
| --- | --- | --- |
| singular | **este / ese** jersey | **esta / esa** mochila |
| plural | **estos / esos** jerseys | **estas / esas** mochilas |

**b. Puedes comprar tres objetos de las página 88-89.**
Dile a tu compañero qué quieres comprar y por qué.

- Quiero esta mochila porque es práctica.

**c. Ahora preparas tu mochila para hacer una ruta de dos semanas.**
No puedes llevar más de doce prendas. ¿Qué ropa llevas? Luego, comparad vuestras mochilas.

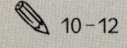

**Este/-a** hace referencia a cosas que están al alcance de la persona que habla, **ese/-a** a cosas que están al alcance de la persona que escucha o lejos tanto del hablante como del oyente. **Esto/eso** se refiere a algo que no podemos o que no es necesario nombrar: *¿Qué es esto?*

**7** **Tres peregrinos muy diferentes.**
Busca 10 diferencias entre los peregrinos. Después, en cadena, cada uno dice una diferencia. No se puede repetir.

- Jaime es más delgado que Manolo.
- Manolo no lleva gafas…
- …

✏ 10 – 12

# El Camino Inca

**8** **a.** Otro camino famoso es el Camino Inca en Perú. Lee estos consejos y marca la información más importante en cada uno.

**b. ¿Estás preparado para hacer el Camino Inca? Contesta las preguntas.**

– ¿En cuánto tiempo conviene hacer el camino?
– ¿Se puede ir solo?
– ¿Qué se puede hacer para evitar el mal de las alturas?
– ¿Qué tiempo hace en abril?
– ¿Cuándo llueve mucho?
– ¿Por qué se necesita un anorak?

## CONSEJOS PARA EL CAMINO INCA

El Camino Inca en Perú va desde Cusco, la antigua capital del imperio inca, a Machu Picchu, la ciudad perdida de los incas. La ruta solamente se puede hacer en grupos pequeños y con un guía de una agencia de viajes autorizada. Estos son algunos consejos para recorrer estos 45 kilómetros:

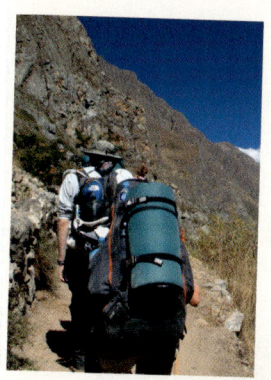

- Para las personas que no son deportistas conviene hacer la ruta en cuatro días.
- El Camino llega a los 4200 metros de altura, por eso se recomienda pasar unos días en Cusco (3250 m) para acostumbrarse y así no tener problemas de soroche, el mal de las alturas.
- Los meses menos recomendados son enero, febrero y marzo, porque llueve mucho. En abril hace sol, pero a veces está nublado. Es mejor viajar en junio, julio o agosto: hace buen tiempo y las temperaturas llegan a los 21°.
- No conviene llevar niños a esta excursión.
- Se recomienda llevar zapatos cómodos y un anorak contra el viento y el frío.
- No es necesario llevar alimentos, la agencia de viajes organiza la comida.

**9** **a. ¿Qué tiempo hace hoy?**
Mira las expresiones del tiempo en la columna de la derecha.

**b. ¿Qué dices en estos casos? Relaciona.**

−8°

¡Qué viento hace!
¡Qué frío hace!
¡Qué calor hace!
¡Cómo nieva!
¡Cómo llueve!

**El tiempo:**
Hace sol.
Hace calor.
Hace frío.
5° Hace 5 grados.
−5° Hace 5 grados bajo cero.
Hace viento.
Hace buen / mal tiempo.
Está nublado.
Hay niebla.
Llueve.
Nieva.

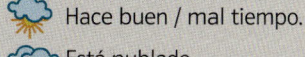

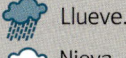

**10** ¿Qué camino prefieres hacer, el de Santiago o el Inca?
Apunta los pros y contras de cada uno.

13

noventa y tres | 93

# 9 Caminando

**11** **a. Recomendaciones para hacer una ruta a pie.**
Completa las frases con tus ideas.

| recomendaciones | |
|---|---|
| Se recomienda | llevar zapatos cómodos. |
| Es mejor | ............................................................. |
| Conviene | ............................................................. |
| No es necesario | ............................................................. |

**b. Recomendaciones para viajar.**
¿Qué le recomiendas a una persona que quiere hacer el Camino de Santiago, el Camino Inca, un safari o un crucero?

● Para hacer el Camino Inca conviene caminar despacio los primeros días.

- ponerse zapatos cómodos
- beber mucho durante el camino
- llevar ropa elegante
- caminar despacio los primeros días
- ponerse crema contra los mosquitos
- llevar papel higiénico
- llevar sombrero
- beber agua embotellada
- llevar ropa ligera
- llevar libros o revistas

**12** **a. ¿Cuáles de las frases están relacionadas con estas fotos del Camino Inca?**
Escribe el número donde corresponda.

☐ Estamos en Cusco, esperando al guía.
☐ Estoy haciendo una pausa.
☐ Ernesto está haciendo fotos.
☐ Estamos desayunando.
☐ Estamos visitando una antigua ciudad inca.
☐ Roberto está hablando por teléfono.
☐ Estamos caminando.

**b. Escucha a esta persona.** ▶▶ 66
¿Quién es? ¿Con quién habla? ¿Qué están haciendo los dos?

✎ 14
Para describir algo que está sucediendo en el momento de hablar se usa **estar + Gerundio:**
Estamos saliendo del hotel.
Atención:
con **estar + Gerundio** los pronombres pueden ir antes de **estar** o después del gerundio, pero nunca entre ellos.
**Me** estoy duchando.
Estoy duchándo**me**.

**c. En las frases hay una nueva forma: el gerundio.**
Mira la tabla y marca en las frases de 12 a los gerundios que aparecen.
¿Cuál es el infinitivo? ¿Cómo se dice en tu idioma?

| estar + gerundio | | gerundios regulares | | | gerundios irregulares | |
|---|---|---|---|---|---|---|
| estoy | | | | | decir | → d**i**ciendo |
| estás | | habl**ar** | -ar | → -ando | venir | → v**i**niendo |
| está | habl**ando** | beb**er** | -er | → -iendo | dormir | → d**u**rmiendo |
| estamos | beb**iendo** | escrib**ir** | -ir | → -iendo | leer | → le**y**endo |
| estáis | escrib**iendo** | | | | ir | → **y**endo |
| están | | | | | | |

94 | noventa y cuatro

**13  En parejas. ¿Qué está haciendo tu compañero?**
Una persona representa con mímica una acción con uno de los siguientes objetos.
La otra adivina qué está haciendo. Luego, al revés.

una taza de café | un móvil | una cámara de fotos | un plato con comida |
un libro | un televisor | una guitarra | un ordenador | zapatos

**14  Una pausa en el Camino Inca.
¿Qué están haciendo estas personas?**
¡Cuidado! La persona que ha hecho
el dibujo ha olvidado algunos objetos.

**15  ¡A jugar!**
En grupos de tres. Se necesitan tres fichas y una moneda.
Si sale cara: avanzar una casilla. Cruz: avanzar dos casillas.

SALIDA

| Dos recomendaciones para ir de cámping. | Si llueve, avanza dos casillas. | ¿Qué está haciendo? | ¿Qué tiempo hace hoy? |
| --- | --- | --- | --- |
| ¿Cuánta gente lleva zapatos marrones en la clase? | Describe la ropa que lleva la persona a tu izquierda. | Si hoy hace sol: dos casillas atrás. | Una frase con 'levantarse' y una con 'acostarse.' |
| Los meses de lluvias en el Camino Inca son… | ¿Qué está haciendo? | ¿Cuál es el monumento más antiguo de tu ciudad? | ¿Qué dices si la temperatura es de 1°? |
| Describe la ropa que lleva la persona a tu derecha. | ¿Qué dices si la temperatura ahora es de 35°? | Dos consejos para aprender vocabulario. | ¿Qué dices si llueve todo el día? |

¡FELICIDADES!

15–17

noventa y cinco | 95

# 9 Caminando

**Portfolio**
Guarda tu folleto en tu dosier.

## Tarea final  Preparando una excursión

**a. Un folleto para invitar a una excursión.**
En grupos. Pensad en un lugar para hacer una excursión desde la ciudad en la que estáis y preparad un folleto. Podéis dar un nombre a la ruta, dibujar un logo y tener en cuenta los siguientes aspectos:

- ¿Dónde empieza la ruta?
- ¿Cuánto tiempo se necesita para hacerla?
- ¿Cuántas etapas tiene?
- ¿Qué se puede visitar en el camino?
- ¿Dónde conviene hacer una pausa?
- ¿Cuándo es mejor hacer esta excursión?
- ¿Por qué?
- ¿Qué ropa conviene ponerse?
- Consejos para los que quieren hacer la ruta (comida, equipaje…)

**b. Presentad la ruta a los compañeros. Entre todos se decide qué excursión queréis hacer juntos.**

---

LA RUTA DEL BOSQUE
el camino más verde del norte

**RECORRIDO:**
Va de… a… Son unos X kms.

**ETAPAS:**
La excursión se puede hacer en un día (x horas).

**MONUMENTOS:**
En el camino se recomienda visitar… porque…

**CONSEJOS:**
Conviene llevar…
No es necesario…

---

¿Qué me llevo de esta etapa?

En esta lección hemos caminado por antiguas rutas y disfrutado de la naturaleza.
¿Qué te llevas de estas aventuras?

- ¿Cuáles son tus dos prendas de vestir favoritas? ¿De qué color son?

- Cinco actividades que haces todos los días.

- Tres objetos que siempre llevas cuando vas de viaje.

- Informaciones interesantes sobre el Camino de Santiago y el Camino Inca.

- Piensa en tres personas: un amigo, un familiar y un compañero. ¿Qué están haciendo en este momento?

- Hablar del tiempo puede ser una manera de empezar una conversación. ¿Qué se puede decir en este momento?

- En esta lección has aprendido a dar consejos. ¿Puedes dar un consejo a una persona que quiere aprender español?

- Hemos leído y escuchado textos largos. En la entrevista sobre el Camino de Santiago nos hemos concentrado en aspectos importantes. En el catálogo de consejos para el Camino Inca hemos marcado solamente la información relevante. Para eso no ha sido necesario entender cada palabra, ¿verdad? No siempre tenemos que buscar todo en el diccionario.

- Además, podemos entender sin saber todas las palabras. ¿Te acuerdas de estas frases?
*Por la noche dormimos en xxxxxxx para peregrinos.*
*Hemos xxxxxxx el camino en 30 etapas.*
¿Es importante saber la palabra que falta para entender la información?

- Si nos concentramos en las palabras que entendemos, ya podemos sacar mucha información de un texto. Por eso es importante concentrarse primero en ellas.

96 | noventa y seis

## Panamericana

**En Perú con Pilar.**
Hola. Me presento: soy Pilar Rolfs y soy peruana. Quiero mostrarles algunas imágenes de mi hermoso país.

*Lima, Palacio Torre-Tagle*

*el Amazonas*

Empiezo con Lima, la capital. Con casi 10 millones de habitantes es el centro político, económico y financiero del país. En su centro histórico (declarado Patrimonio de la Humanidad por la UNESCO) se han restaurado muchos edificios con sus preciosos balcones de madera.
■ *Y ahora tú: ¿cuál es la ciudad más grande de tu país? ¿Y la más importante? ¿Por qué?*

Pero hay otras ciudades atractivas, por ejemplo en el sur está Arequipa, con un clima fantástico: 300 días de sol al año. Desde Arequipa se puede viajar al famoso lago Titicaca. Otra ciudad interesante es Piura, en el norte del país, la más antigua de Perú. El famoso escritor peruano Mario Vargas Llosa dice que sus habitantes son los más alegres y abiertos del país.

■ *Y ahora tú: ¿cuántos días de sol al año hay en tu ciudad aproximadamente?*
*¿Qué ropa llevas para unas vacaciones en Arequipa durante el mes de enero?*

¿Sabe cuál es el lugar más visitado de Perú? Iquitos, una ciudad grande al lado del río Amazonas. Es un poco difícil llegar porque el viaje sólo es posible por aire o por agua, pero vale la pena. Allí puede tomar un barco para hacer una excursión por la selva y ver caimanes, monos o delfines rosas.
■ *Y ahora tú: ¿qué lugar es el más visitado por los turistas en tu país? ¿Qué les ofrece?*

Si le interesan las antiguas culturas prehispánicas, tiene que visitar Cusco, la capital del Imperio Inca, que conserva los muros de sus antiguos templos. La ciudad está a 3400 metros de altura, por eso los primeros días es importante acostumbrarse. Desde Cusco puede ir a uno de los lugares más fascinantes del mundo: Machu Picchu.
■ *Y ahora tú: ¿recuerdas cómo se llama el mal de las alturas? ¿Qué consejos le puedes dar a una persona que quiere hacer el Camino Inca?*

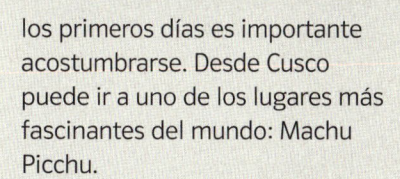

¡Oh! No tengo más espacio y quería contar muchas cosas más… Sobre la riquísima cocina peruana; sobre las montañas como el Alpamayo; sobre las costas del Pacífico… ¿Cuándo va a visitar mi país?

**Tu viaje a Perú.**
Haz una lista de los preparativos que tienes que hacer para un viaje a Perú y de las cosas que quieres llevar. ¿Qué lugares quieres visitar?

*Cusco*

# 9 Caminando

## Comunicación

**La ropa y los colores**

| un jersey rojo | una camisa verde | pantalones azules | un anorak naranja |
| una falda amarilla | zapatos marrones | una camiseta blanca | un sombrero negro |

**Describir la rutina diaria**

Me levanto a las seis.
Me pongo los zapatos.
Yo me acuesto el último.

**Señalar algo**

• ¿Te gusta esta falda?
○ No mucho, pero esa roja sí.
• ¿Qué es esto?

**Hacer recomendaciones**

Conviene acostumbrarse a la altura.
Se recomienda hacer la ruta en cuatro días.
No es necesario llevar comida.

**Describir un proceso**

Ahora estoy haciendo una pausa.
Estamos esperando al guía.
¿Estás tomando una foto de las ruinas?

**Comparar algo**

Los albergues son más baratos que los hoteles.
Pero tienen menos comodidades (que los hoteles).
Y cuestan menos (que los hoteles).

**Hablar del tiempo**

| Hace buen tiempo / mal tiempo. | Está nublado. | Llueve. | ¡Qué frío / calor / viento hace! |
| Hace sol / frío / calor / viento / 5 grados. | Hay niebla. | Nieva. | ¡Cómo llueve! / ¡Cómo nieva! |

## Gramática

**La comparación: comparativo y superlativo**

| + | Los hoteles son **más** caros **que** los albergues. | **más** + adjetivo + **que** |
| − | La última etapa es **menos** dura **que** la primera. | **menos** + adjetivo + **que** |
| − | Los hoteles cuestan **más que** los albergues. | verbo + **más / menos que** |
| = | El Camino del Norte es **tan** bonito **como** el Francés. | **tan** + adjetivo + **como** |
| ++ | La ruta **más** famosa es el Camino Francés. | |
| −− | El mes **menos** atractivo es enero. | artículo + **más / menos** + adj. |

Con números y cantidades se usa **más/menos de**: En los albergues no se puede dormir **más de** una noche.

**Formas irregulares**

grande → mayor
bueno → mejor
malo → peor
El **mayor** problema en el Camino Inca es el soroche.

## Verbos reflexivos

| | levantarse |
|---|---|
| me | levanto |
| te | levantas |
| se | levanta |
| nos | levantamos |
| os | levantáis |
| se | levantan |

Generalmente los pronombres reflexivos van delante del verbo conjugado. Sin embargo, con el infinitivo pueden ir detrás de la terminación:
**Me** ducho con agua fría.
No quiero duchar**me** con agua fría

## Conocer

| conocer |
|---|
| cono**zc**o |
| conoces |
| conoce |
| conocemos |
| conocéis |
| conocen |

## El objeto directo con personas

¿Conoces **a** mis padres?
¿Has visto **al** profesor?
¿Entiendes **a la** profesora?
Pero: Con **tener** no se usa **a**.
Tengo ~~a~~ diez primos.

## Los pronombres demostrativos

| | masculino | femenino |
|---|---|---|
| singular | **este** jersey | **esta** mochila |
| plural | **estos** jerseys | **estas** mochilas |
| singular | **ese** jersey | **esa** mochila |
| plural | **esos** jerseys | **esas** mochilas |

**Este/-a** hace referencia a cosas que están al alcance de la persona que habla, **ese/-a** a cosas que están al alcance de la persona que escucha o lejos tanto del hablante como del oyente.
**Esto/eso** se refiere a algo que no podemos o que no es necesario nombrar: ¿Qué es esto?

## Los adjetivos de colores

| -o → -a | masculino = femenino |
|---|---|
| blanco/-a | azul |
| negro/-a | verde |
| rojo/-a | gris |
| amarillo/-a | marrón |

Algunos adjetivos de colores no cambian porque originalmente calificaban sustantivos: pantalones naranja.

## El gerundio

| terminación | infinitivo | | formas irregulares | | | |
|---|---|---|---|---|---|---|
| -ar → **ando** | tomar | Roberto está tom**ando** fotos. | decir | d**iciendo** | leer | le**yendo** |
| -er → **iendo** | comer | ¿Qué estás com**iendo**? | venir | v**iniendo** | ir | **yendo** |
| -ir → **iendo** | salir | Estamos sal**iendo** del hotel. | pedir | p**idiendo** | dormir | d**urmiendo** |

Con **estar** + gerundio se describe algo que está sucediendo en el momento de hablar.
Los pronombres se pueden poner delante de **estar** o detrás del gerundio:
**Me** estoy duchando.
Estoy duchándo**me**.

# Tengo planes

hablar sobre el tiempo libre • hacer, aceptar y rechazar una propuesta • quedar, hablar sobre planes • definir algo • los adjetivos de nacionalidades • pedir en un restaurante • valorar una comida

# 10

>> PANORAMA >> un minuto con...

# Javier Mariscal

*Javier Mariscal (Valencia, 1950) es conocido mundialmente por ser el creador de Cobi, la mascota de los Juegos Olímpicos de Barcelona (1992), y por sus originales esculturas, como la Gamba del puerto de Barcelona.*

>> **Un aspecto principal de su carácter:**
>> Soy hiperactivo y muy impulsivo.

>> **Su plato favorito:**
>> La paella valenciana.

>> **Una prenda de ropa favorita:**
>> Un sombrero borsalino.

>> **Usted puede pasar horas...**
>> Cuidando las plantas en el jardín.

>> **En su tiempo libre le gusta...**
>> Dibujar, pasear por la playa...

>> **Un deporte que odia:**
>> El golf.

>> **Algo que no sabe hacer:**
>> Jugar al golf.

>> **Una película / un libro que le ha impresionado:**
>> "Big Fish", de Tim Burton. "Persépolis" (el libro y la película) de Marjane Satrapi.

>> **Pasa sus vacaciones en...**
>> Formentera.

>> **Un domingo perfecto:**
>> Quedarme en la cama con mi mujer y mis hijos, desayunar todos juntos sin prisa, leer el periódico, preparar una comida para los amigos, una larga sobremesa, una pequeña siesta, una buena película y a dormir.

**1 a. Lee la entrevista con Javier Mariscal.**
¿Qué actividades de tiempo libre menciona?
¿Qué otras actividades de tiempo libre conoces?

**b. En parejas. Una entrevista a tu compañero.**
Elige cinco preguntas y haz la entrevista a un compañero. Luego, al revés.

ciento uno | 101

# 10 Tengo planes

ir a correr  · tocar el piano  · jugar al fútbol  · ir a la sauna  · pescar

esquiar  · salir con amigos  · trabajar en el jardín  · cantar en un coro  · bucear

ir en bicicleta  · bailar  · hacer fotos  · navegar en internet 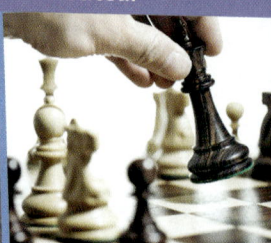 · jugar al ajedrez

## Tiempo libre

**2** **a. Actividades de tiempo libre. Mira las fotos y apunta...**

– tres cosas que te gustan
– una cosa que odias
– tres cosas que no has hecho nunca
– una cosa que no sabes hacer y que quieres aprender

**b. Comparad los resultados. ¿Cuál es la actividad favorita de la clase?**

**c. ¿Sabes o puedes...?**
Lee las frases de la tabla. ¿En cuáles se habla de los conocimientos de una persona? ¿En tu lengua también se diferencia entre **saber** y **poder**? Piensa en estos ejemplos y anota la traducción.

1. Sé italiano.
2. No podemos dormir con luz.
3. No sabemos jugar al póker.
4. ¿Puedes escuchar música y leer a la vez?
5. ¿Sabes conducir una moto?
6. Puedo ir a pie al trabajo.
7. ¿Puedo pagar con tarjeta de crédito?
8. ¿Sabes tocar el piano?

✎ 1, 2

**d. Tres verdades y una mentira.**
Escribe cuatro frases sobre cosas que sabes o puedes hacer (una de ellas tiene que ser mentira). Después lee las frases en voz alta. La clase adivina la mentira.

*Sé bailar tango. Puedo escuchar música y leer a la vez.*

102 | ciento dos

## ¿Cómo quedamos?

**3** **a. ¿Qué van a hacer?** ▶▶ 67–68
Estas personas quieren salir juntas. Escucha y toma notas.
Luego presenta la información.

|  | qué | cuándo | dónde |
|---|---|---|---|
| 1. Aurora y Federico |  |  |  |
| 2. Manuel y su amigo |  |  |  |

- Aurora y Federico van a salir. Van a encontrarse a las…

**b. ¿Por qué no vamos a bailar?**
Lee ahora el diálogo entre Aurora y Federico y marca las expresiones para proponer una actividad, aceptar una propuesta o rechazarla.

- ¿Dígame?
- Hola, Aurora, soy Federico. ¿Qué tal?
- Hola, Fede, ¡qué sorpresa! Bien, bien. Aquí, … con los nietos.
- Oye, ¿tienes ganas de salir esta noche?
- Uff, lo siento, es que estoy muy cansada. ¡Estos niños son unos pequeños monstruos!
- ¿Y mañana?
- Pues… mañana sí.
- ¿Por qué no vamos a la Paloma?
- ¿A la Paloma? ¿A bailar? ¡Qué bien! ¿Y toca la orquesta mañana?
- Sí, mañana es la noche de los boleros.
- Ay, pues sí. ¡Qué ilusión! ¿Cómo quedamos?
- ¿Paso por tu casa a las nueve?
- ¿A las nueve? Pues, vale, perfecto. Nos vemos mañana.

**c. Quedar con amigos.**
Completa la tabla con las expresiones que has marcado en el diálogo.

| proponer | aceptar / rechazar |
|---|---|
| • ¿Tienes ganas de…? | ○ (Sí,) vale. |
| • ................... | ○ ................... |
| • ¿Vienes conmigo a…? | ○ Qué pena, pero no puedo, es que… |
| • ¿Y si vamos a…? | ○ ................... es que estoy cansado/-a. |

**d. En parejas. Hoy la clase de español se ha cancelado.**
Propón una de estas actividades a tu compañero, que tiene que reaccionar.

ver una película en casa | tomar una cerveza | cenar en un restaurante mexicano | hacer los deberes de español | jugar a las cartas | ir al cine | dar un paseo | tomar un cóctel | …

- ¿Tienes ganas de tomar una cerveza?
- De acuerdo. / Qué pena, pero no puedo, es que…

---

**ir + a + infinitivo**

voy
vas
va          **a** salir
vamos
vais
van

Con **ir + a + infinitivo** se expresa un propósito o un evento que va a tener lugar en el futuro.

---

**LA PALOMA**
Orquesta LOS ROMÁNTICOS
Sábado 22.00

---

**¿Cómo quedamos?**
- ¿A qué hora quedamos?
- ○ ¿Qué tal a las siete?
- ¿Dónde quedamos?
- ○ ¿Qué tal delante de…?

✏ 3–5

ciento tres | **103**

# 10 Tengo planes

**conmigo**

con mí → conmigo
con ti → contigo
con él
con ella
con usted
…

✏ 6

**4** ¿A qué se refieren estas definiciones? Relaciona.
Después escribe tú una definición. ¿Quién la adivina?

1. Conmigo las comidas para vegetarianos son un desastre.
2. Sin mí tienes problemas en el tren o en el autobús.
3. A mí me ven. ¿A ti también?
4. Conmigo hacer excursiones es más cómodo.
5. En mí todos nadan cuando hace calor.

la mochila
la carne
el mar
el billete
la película

**5** a. ¿Y si vamos…?
Planifica las siguientes actividades en esta agenda.

viene el fontanero | visita de un/-a amigo/-a | deporte / yoga | curso de español | médico | …

| | LUNES | MARTES | MIÉRCOLES | JUEVES | VIERNES | SÁBADO | DOMINGO |
|---|---|---|---|---|---|---|---|
| 8 | | | | | | | |
| 10 | | | | | | | |
| 12 | | | | | | | |
| 14 | | | | | | | |
| 16 | | | | | | | |
| 18 | | | | | | | |
| 20 | | | | | | | |

## JORNADAS LATINOAMERICANAS

★ EXPOSICIÓN: EL ARTE MAYA
De lunes a domingo 10:00-21:00

★ PELÍCULA
Un lugar en el mundo (Arg.)
martes 16:00, jueves 19:00

★ CURSO DE COCINA MEXICANA
Todas las mañanas de 10:00 a 13:00

★ CONCIERTO: PACHAMAMA
Música de los Andes
sábado 20:00

★ CURSO DE SALSA
Todas las tardes de 15:00 a 17:00

12. – 18. OCTUBRE • UNIVERSIDAD POPULAR

b. En parejas. Queréis hacer tres actividades juntos.
Mirad el programa de las jornadas latinoamericanas y vuestras agendas, y decidid qué vais a hacer y cuándo.

- ver la exposición
- ver la película
- hacer un curso de cocina
- ir al concierto
- hacer un curso de salsa

● ¿Tienes ganas de ver "Un lugar en el mundo"?
○ Vale. ¿Cuándo?
● ¿Qué tal el jueves a las siete?
○ Perfecto, ¿dónde quedamos?

c. Contad ahora al grupo qué vais a hacer y cuándo.

● Claudia y yo vamos a ver la película *Un lugar en el mundo* el jueves a las siete de la tarde.

## Quedamos en el restaurante

**6** a. ¿Te gusta salir a comer? ¿Con quién? ¿En qué ocasiones? ¿Con qué frecuencia?

b. Lee el texto y toma notas sobre estos aspectos:
actividades de tiempo libre,
actividades durante la comida,
los temas de conversación

### ¿COMER PARA VIVIR O VIVIR PARA COMER?

Ir al cine, hacer deporte o ver la tele son las actividades favoritas de los españoles en su tiempo libre, igual que en el resto de Europa. Pero para muchos españoles hay otra muy importante: salir a comer.

No se trata sólo de la comida, sino también del aspecto social. Por eso las comidas son muy largas, con tiempo para charlar, contar anécdotas o conocer quizás a otros invitados. Y hablar del trabajo, los estudios, la familia, las vacaciones, de la comida… Para los españoles, salir al restaurante no es comer para alimentarse, es disfrutar de la comida y de la compañía. Es vivir.

c. ¿Cómo es en tu país? ¿Qué es diferente?

**7** a. Hablando de comida…
¿Qué alimentos conoces de color verde, rojo, blanco, amarillo o marrón?

b. ¿Conoces estos platos? ¿Existen también en tu país? ¿Cómo se llaman?

1. ensaladilla rusa
2. tortilla francesa
3. macedonia de frutas
4. crema catalana
5. tortilla española
6. café irlandés
7. tarta de Santiago
8. tarta vienesa
9. arroz a la cubana

c. ¿A qué platos de arriba se refieren estas frases?

☐ Es un plato frío **que** lleva verdura y mayonesa.
☐ Es una tortilla **que** se hace con patatas y huevos.
☐ Es de un país **donde** se habla alemán.
☐ Es un postre **que** lleva diferentes frutas.
☐ Tiene el nombre de una ciudad **donde** hay muchos peregrinos.

d. En parejas. Escribid tres definiciones.
Luego cada pareja lee sus definiciones. Los otros adivinan qué cosa/persona/lugar es.

Es una cosa que… | Es una persona que… | Es un lugar donde…

7, 8

# 10 Tengo planes

La mayoría de los adjetivos de nacionalidades forman el femenino en **–a**, incluso cuando el masculino termina en consonante.
Un pintor genial /español.
Una pintora genial /española.

**8** **a. Vino italiano, tortilla española... Completa la tabla con los adjetivos.**

| Singular masculino | femenino | Plural masculino | femenino |
|---|---|---|---|
| vino italian**o** | pizza italian**a** | vinos italian**os** | pizzas .................. |
| vino español | tortilla .................. | vinos español**es** | tortillas español**as** |
| vino francés | tortilla .................. | vinos frances**es** | tortillas frances**as** |

**b. Ciudadanos del mundo.**
Lee el texto y decide las nacionalidades de los productos. No puedes repetir.

español | alemán | francés | inglés | holandés | danés | finlandés | noruego | sueco | italiano | suizo | austríaco | turco | argentino | chileno | colombiano

"Soy un típico ciudadano cosmopolita del siglo XXI. Por eso tengo un coche .................., me gustan la carne .................., el café .................., el chocolate .................., el queso .................., el pescado .................. y el aceite de oliva .................. Tengo un móvil .................., un reloj .................. y muchos de los muebles de mi casa son .................. En invierno voy a esquiar a las montañas .................. Escucho música .................. y me encantan las películas .................. Pero los tomates de mi pueblo ¡son los mejores del mundo!"

✏ 9

**c. Comparad vuestros textos. ¿Tienen cosas en común?**

## En el restaurante

**9** **a. ¿Has comido alguna vez en un restaurante español?** ▶▶ 69
Lee el menú. ¿Qué platos conoces? Luego escucha la conversación y marca en el menú lo que piden los clientes.

| modo de preparación |
|---|
| frito/-a |
| asado/-a |
| al horno |
| a la plancha |
| a la romana |
| muy / poco hecho/-a |

Muchos restaurantes ofrecen un menú barato con variedad de platos para escoger un primero, un segundo y un postre.

**Menú del día**

**Primer plato**
Ensalada mixta
Gazpacho andaluz
Arroz a la cubana

**Segundo plato**
Merluza a la plancha
Chuleta de cerdo con patatas fritas
Pollo asado con verdura

**Postre**
Flan
Crema catalana
Fruta del tiempo

Pan, bebida y café

15 €

**b. Escucha otra vez y marca las frases que escuchas.**

☐ Para beber, un vino tinto de la casa.
☐ ¿Me trae otro vaso para el agua, por favor?
☐ Para mí, de primero, ensalada mixta.
☐ La cuenta, por favor.
☐ De postre, yo quiero un flan.
☐ De segundo, yo tomo el pollo asado.

**en el restaurante**

de primero
de segundo
de postre
La cuenta, por favor.

Cuando se quiere dejar propina en un restaurante en España, es frecuente esperar el cambio y dejar la propina sobre la mesa al irse.

**Otro/-a/-os/-as** se usa con cosas contables y **un poco de** con incontables.
Atención:
~~un~~ otro

✏ 10–12

**10 a. ¿Me trae otra cerveza? ¿Qué significan otro y un poco más de?**

|  | pedir algo |  | traducción |
|---|---|---|---|
| ¿Me trae<br>¿Nos trae | **una** cuchara<br>**otro** cuchillo<br>**un poco de** sal<br>**un poco más de** pan | por favor? | ..............................<br>..............................<br>..............................<br>.............................. |

**b. Ahora estás en un restaurante.**
Mira el menú del restaurante. ¿Qué vas a tomar? La lista es una ayuda para guiar la conversación con el camarero, que es tu profesor.

- pides un primer plato
- pides un segundo plato
- pides la bebida
- pides un postre
- pides algo más
- quieres pagar

**c. En parejas. ¿Qué tal la comida?**
Cada uno escribe lo que ha pedido (primero, segundo, postre) en un papel. Luego, se intercambian los papeles y se pregunta según el modelo.

● ¿Qué tal la merluza?
○ Está muy rica. ¿Y tu pollo?

| La sopa está<br>El filete está | muy | rico/-a.<br>salado/-a.<br>dulce.<br>frío/-a.<br>caliente.<br>picante. |
|---|---|---|

Para valorar el sabor de la comida se usa **estar**.
El gazpacho **es** una sopa.
El gazpacho **está** muy rico.

✏ 13–16

**11 Un chiste.**

# 10 Tengo planes

**Portfolio**
Guarda el programa y el correo electrónico en tu dosier.

## Tarea final  Un fin de semana diferente

**Viene a visitaros un grupo de estudiantes de una escuela de español de otro país.**

1. Escribid en la pizarra una lista de las actividades posibles (cultura, compras, deporte, comidas, etc.).

2. La clase se divide en grupos. Cada grupo decide qué actividades quiere proponer para el sábado y el domingo por la mañana y por la tarde. Pensad en estos aspectos:
   - ¿Dónde os vais a encontrar?
   - ¿A qué hora?
   - ¿Qué vais a hacer?
   - ¿Cuánto tiempo va a durar?
   - ¿Por qué es interesante?
   - ¿Se necesita algo (ropa de deporte, etc.)?

3. Cada grupo presenta su programa. Entre todos se elige el programa definitivo.

4. En parejas. Escribid un correo electrónico al grupo de los visitantes y presentad vuestro programa.

### PROGRAMA

**SÁBADO**
Mañana: ............................
............................
............................
Tarde: ............................
............................
............................

**DOMINGO**
Mañana: ............................
............................
............................
Tarde: ............................
............................
............................

---

**¿Qué me llevo de esta etapa?**

Ahora "sabes" algunas cosas nuevas y "puedes" hacer cosas interesantes en español. ¿Qué te vas a llevar de esta etapa?

- Tres actividades de tiempo libre que te gustan.
- Expresiones útiles para quedar con amigos.
- Expresiones para aceptar o rechazar una invitación.
- Informaciones culturales interesantes.
- Ahora ya sabes explicar cómo es un plato típico de tu país o de tu región a un hispanohablante. ¿Un ejemplo?
- Expresiones útiles en un restaurante
  - para pedir la comida
  - para pedir algo más
  - para valorar la comida
- ¿Qué cosas nuevas sabes o puedes hacer ahora en español?
- Tres actividades que vas a hacer después de la clase de español.

- En esta lección hemos aprendido a explicar palabras. Si no sabemos el nombre de un objeto, podemos describirlo. Por ejemplo: *Es un objeto de metal que usamos para cortar la carne.* Otra posibilidad es dar ejemplos, hacer un dibujo o decir lo contrario.

- Algunas construcciones gramaticales son difíciles porque son diferentes en nuestro idioma. Para recordarlas se pueden aprender con una rima. Por ejemplo:
*Es un error
decir "un otro tenedor".
Es mucho mejor
pedir "otro tenedor".*

- Si una persona nos invita, queremos reaccionar de forma espontánea y natural. ¿Por qué no aprendes de memoria una frase modelo para aceptar y otra para rechazar una invitación?

108 | ciento ocho

## Panamericana

**En Chile con Matilde.**
¡Hola! Me llamo Matilde Guzmán y soy chilena. ¿Conoces Chile? ¿Quizás los vinos chilenos? Voy a contaros un poco de mi "largo y delgado país" (Pablo Neruda).

En sus 4200 kms de longitud Chile ofrece paisajes que recuerdan lugares tan diferentes como el Sáhara, el Mediterráneo o Noruega. En el norte por ejemplo tenemos el desierto de Atacama, el más seco del mundo. En el otro extremo, la Patagonia chilena, con sus islas, fiordos y glaciares. Allí se pueden encontrar colonias de pingüinos todo el año. Para mí uno de los lugares más fascinantes del mundo es la Isla de Pascua, con sus misteriosas esculturas milenarias, los Moai. Todos estos lugares son grandes atracciones para turistas de todo el mundo.

■ *Y ahora tú: ¿de qué nacionalidades son los turistas que visitan tu país? ¿A qué lugares van?*

En la capital, Santiago, no hay tiempo para aburrirse. Los amantes de la cultura pueden disfrutar de sus galerías de arte y museos. En el centro histórico la Plaza de Armas, con la Catedral Metropolitana, es el punto de encuentro no sólo de los visitantes, sino también de muchos habitantes de la ciudad. Les recomiendo el barrio Bella Vista, donde se encuentra la Fundación Pablo Neruda en la antigua casa del poeta, que está llena de sus libros y objetos personales. Este barrio tiene una intensa vida nocturna y excelentes restaurantes.

■ *Y ahora tú: ¿qué expresiones usas para pedir en un restaurante?*

¿Le interesa el turismo activo? Pues cerca de Santiago puede practicar deportes muy variados, como esquiar en los Andes, que están cerca. Si prefiere la playa, puede probar otras actividades como el windsurf en la costa del Pacífico. ¿Cuántas ciudades pueden ofrecer esto?

■ *Y ahora tú: ¿qué actividades se pueden hacer en tu ciudad? ¿Cuándo se usan los verbos "nadar" y "esquiar" con "poder" o con "saber"? ¿Puedes dar ejemplos?*

Al final, le recomiendo ir a Valparaíso, para muchos la capital cultural de Chile. ¿Sabe que el periódico más antiguo en español es "El Mercurio de Valparaíso"? La ciudad, con su centro histórico de la época colonial, es Patrimonio de la Humanidad. Y, claro, hay que visitar el puerto. Es uno de los puertos comerciales más importantes del país. De allí salen muchos de los productos que exporta Chile: fruta fresca, pescado, madera y los famosos vinos.

■ *Y ahora tú: has comprado productos chilenos y quieres invitar a unos amigos a cenar. Escribe una pequeña invitación.*

Escribe cinco preguntas que le quieres hacer a Matilde para saber más de su país.

*Parque Nacional Lauca en el norte*

*Moai en la Isla de Pascua*

*Valparaíso y su puerto*

*en la Plaza de Armas*

# 10 Tengo planes

## Comunicación

**En el restaurante**

> Para mí de primero…
> De segundo…
> Para beber…, por favor.
> ¿Tienen…?
> La cuenta, por favor.

**Pedir algo que falta**

> ¿Me puede traer una cuchara?
> ¿Me trae otra botella de agua?
> ¿Nos trae otros dos cafés, por favor?
> ¿Me trae un poco de agua, por favor?
> ¿Me trae un poco más de pan?

**Preparación**

> frito/-a
> al horno
> a la plancha
> poco hecho/-a
> muy hecho/-a

**Hacer, aceptar y rechazar una propuesta**

> proponer algo
>
> ¿Por qué no…?
> ¿Tienes ganas de…?
> ¿Vienes conmigo a…?
> ¿Y si vamos a…?

> aceptar/rechazar
>
> Vale. / Perfecto. / De acuerdo.
> Sí, buena idea. / Con mucho gusto.
> Qué pena, pero no puedo, es que…
> Lo siento, es que estoy cansado/-a.

**Quedar**

> Lugar y hora
>
> ¿A qué hora quedamos?
> ¿Qué tal a las siete?
> ¿Dónde quedamos?
> ¿Qué tal delante de…?

**Valorar la comida**

> ¿Qué tal el pollo?   Está muy rico.
> ¿Y la merluza?        Está un poco salada.
> ¿Te gusta el flan?    Está demasiado dulce.

**Describir algo**

> Es un plato que lleva patatas, verdura y mayonesa.
> Es un objeto que sirve para cortar la carne.
> Es un lugar donde se comen platos típicos.

# Gramática

**Los pronombres relativos**

> Es un plato **que** lleva verdura y mayonesa.
> El deporte **que** prefiero es el tenis.
> Jamón jamón es un bar **donde** se come bien.

**Otro y un poco más**

| contable | incontable |
|---|---|
| otr**o** cuchillo<br>otr**a** cuchara<br>otr**os** dos cafés<br>otr**as** dos cervezas | un poco (más) de   pan<br>agua<br>salsa |

**Otro/a** nunca se combina con el artículo indefinido.
¿Me trae ~~una~~ **otra** cerveza?

**Los adjetivos de nacionalidades**

| singular masculino | femenino | plural masculino | plural femenino |
|---|---|---|---|
| vino italiano<br>vino español<br>vino francés | pizza italian**a**<br>tortilla español**a**<br>tortilla frances**a** | vinos italian**os**<br>vinos español**es**<br>vinos frances**es** | pizzas italian**as**<br>tortillas español**as**<br>tortillas frances**as** |

**Belga** y **estadounidense** es igual para ambos géneros.
Los adjetivos de nacionalidades forman el femenino en **–a**, incluso cuando el masculino termina en consonante. Compara:
Un pintor genial. Una pintora genial. Un pintor español. Una pintora español**a**.

**Saber y poder**

| capacidad, conocimiento | posibilidad | permiso |
|---|---|---|
| **Sé** italiano.<br>¿**Sabes** tocar el piano?<br>No **sabemos** jugar al póker. | **Puedo** ir a pie al trabajo.<br>¿**Puedes** dormir con luz?<br>**Podemos** escuchar música y leer a la vez. | ¿**Puedo** pagar con tarjeta?<br>¿**Se puede** entrar? |

**Preposición + pronombre**

| a<br>con<br>de<br>para<br>por<br>sin | mí   (con + mí = **conmigo**)<br>ti   (con + ti = **contigo**)<br>él / ella / usted<br>nosotros/-as<br>vosotros/-as<br>ellos / ellas / ustedes |
|---|---|

**Ir a + infinitivo**

| ir + a + infinitivo |
|---|
| voy    a salir contigo<br>vas    a trabajar el domingo, ¿no?<br>va     a llover esta tarde<br>vamos  a ver una exposición<br>… |

El verbo **ir + a + infinitivo** expresa un propósito o un evento que va a tener lugar en el futuro.

# Mi nueva casa

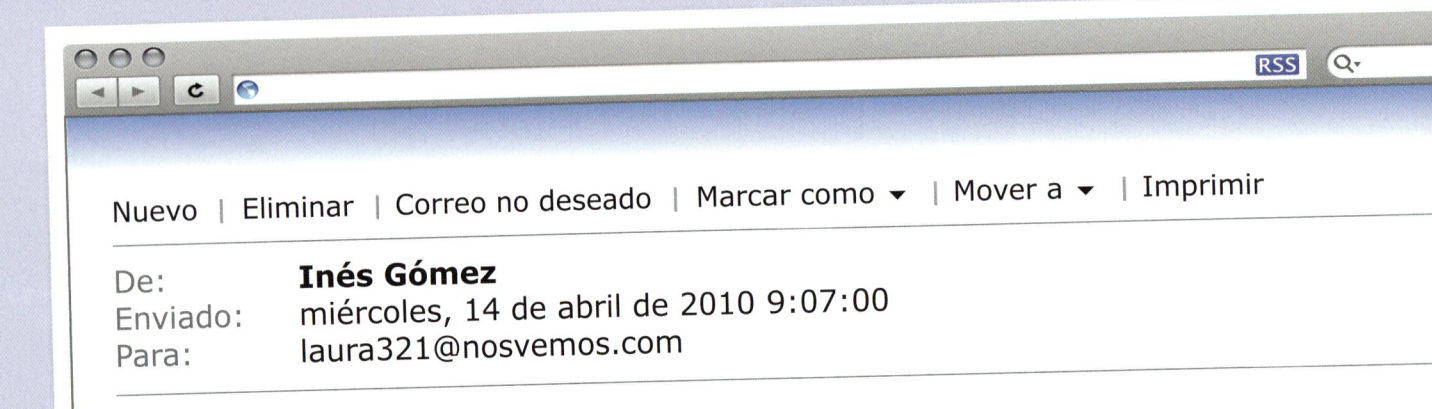

**Nuevo** | **Eliminar** | **Correo no deseado** | **Marcar como** ▾ | **Mover a** ▾ | **Imprimir**

De: **Inés Gómez**
Enviado: miércoles, 14 de abril de 2010 9:07:00
Para: laura321@nosvemos.com

Laura:

¡tengo buenas noticias! ¡Ya he encontrado piso! Es realmente ideal: tiene una cocina moderna, un baño con ventanas, un dormitorio grande y un salón con mucha luz. Todo parece perfecto, incluso el alquiler. Quizás es barato porque la calle es un poco ruidosa y los vecinos parecen un poco antipáticos... Pero me da igual, ¡estoy muy contenta!

En dos semanas me mudo. ¿Por qué no vienes a visitarme un fin de semana? Mi nueva dirección es: C/Rosales, 26, 46389 Turís, Valencia

¡Te espero!

Un beso,

Inés

describir un piso • nombrar los muebles y los electrodomésticos •
hacer cumplidos y reaccionar a uno • dar datos sobre la biografía •
hablar del pasado

# 11

**1** **a. Inés está muy contenta. ¿Qué ventajas e inconvenientes tiene su nuevo piso?**

**b. ¿Cuántas veces te has mudado tú...**

– en la misma ciudad?
– a otra ciudad?
– a otro país?
– con una empresa de mudanzas?
– por motivos de trabajo?
– con la ayuda de amigos?

**c. ¿Ventajas o inconvenientes?**
Clasifica estos aspectos de un piso según tu opinión.

en el centro | tranquilo | barato |
grande | con vistas a un parque | viejo |
pequeño | renovado |
en un barrio antiguo | moderno |
en la planta baja | con mucha luz |
en las afueras | oscuro |
nuevo | cerca del metro / autobús |
con jardín | que da a la calle |
con ventanas grandes

| ventajas | inconvenientes |
|---|---|
|  |  |
|  |  |
|  |  |

● Para mí es una ventaja vivir en el centro.

ciento trece | 113

# 11 Mi nueva casa

## Mudarse de casa

**2** **a.** Este es el piso que Juan e Inés comparten en Madrid.
Completa la lista con los números correspondientes.

| 10 | cocina |
| 11 | nevera |
| ☐ | microondas |
| ☐ | lavaplatos |
| ☐ | mesa |
| ☐ | silla |
| ☐ | sofá |
| 17 | estantería |
| ☐ | televisor |
| ☐ | bañera |
| 4 | espejo |
| ☐ | lavadora |
| ☐ | ducha |
| ☐ | cama |
| 5 | armario |
| ☐ | lámpara |
| 7 | escritorio |

**b.** Inés tiene un nuevo trabajo y se muda a Valencia. ▶▶ 70
Escucha el diálogo y marca en el plano las cosas que Inés quiere llevarse.

**c.** ¿Qué diferencias tiene tu casa o tu piso con el del plano?

- Mi cocina es más grande.
- Yo no tengo lavaplatos.
- …

**d.** ¿Dónde haces tú estas cosas?

ver la tele | escribir correos electrónicos |
escuchar la radio | tomar un aperitivo |
leer el periódico | estudiar español |
desayunar

**3** **a. Busco compañera de piso.**
Juan busca una nueva compañera de piso. ¿Qué anuncio corresponde a su piso?

**BUSCO COMPAÑERA DE PISO.** Barrio La Latina a 3 min del metro. Salón, comedor, cocina grande, baño con ducha, balcón. A partir de junio. Precio total: 500 €.
Contacto: dormitoriolibre@difusion.com; móvil: 646 996 344

**Se alquila habitación** en piso compartido. No fumadores. Exterior, terraza, cocina, salón-comedor, baño completo, TV. 450 €
Contacto: pisocompartido@nosvemos.com

646 996 344   646 996 344   646 996 344   646 996 344   646 996 344

**b.** Vas a hacer un viaje de seis meses y quieres alquilar tu piso.
Escribe un anuncio para el periódico.

114 | ciento catorce

## El día de la mudanza

**4  a. ¿Dónde están los gatos?**
Todos los amigos de Misifús han venido para despedirse. ¿Quién los encuentra antes?

- Hay un gato encima del camión.
- Hay uno debajo del sofá.

**¿dónde?**

encima de
debajo de
delante de
detrás de
al lado de
entre
a la derecha de
a la izquierda de
en el centro

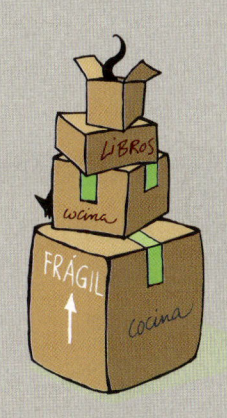

**b. En parejas. Cada uno puede amueblar un piso a su gusto.**
Dibuja o escribe los siguientes muebles en el plano A. Después explica a tu compañero dónde están. Él los pone en el plano B. Luego, al revés.

cocina | nevera | mesa | 3 sillas | sofá | cama | televisor | espejo | armario | lámpara | lavadora

- La mesa está en el centro del salón.

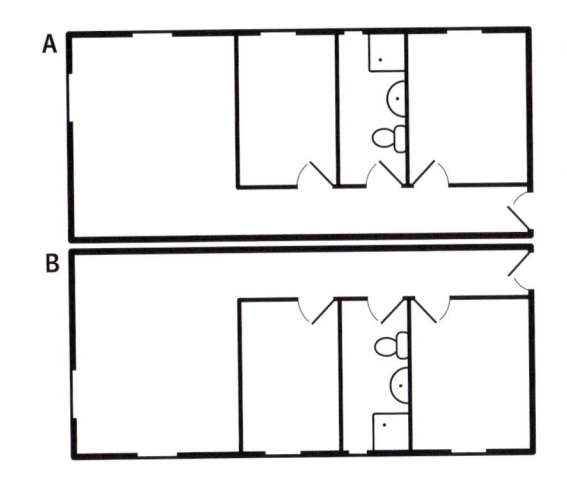

## Llegan visitas

**5  a. ¡Qué casa más bonita tienes!**  71
Relaciona los comentarios 1–5 con las reacciones. Luego escucha el CD y compara.

| comentario | reacción |
| --- | --- |
| 1. ¡Qué zapatos más elegantes! | a. ¿Tú crees? No tiene tantos metros. |
| 2. ¡Qué mesa más original! | b. ¿Te gusta? Es del rastro a muy buen precio. |
| 3. ¡Uy, qué práctico! | c. ¿Te parece? Pues son viejos, la verdad. |
| 4. ¡Oh, qué buen gusto! | d. Es la idea de una revista. |
| 5. ¡Qué salón más grande tienes! | e. Sí, no está mal. |

5, 6

No es habitual aceptar un cumplido tal cual o con sólo decir **gracias**. Es frecuente mostrar modestia educadamente quitando importancia a lo dicho.

ciento quince | 115

# 11 Mi nueva casa

**b. ¿Qué adjetivos se pueden usar para describir estos objetos?**

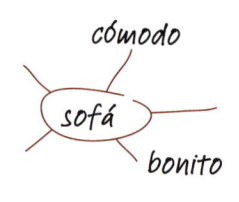

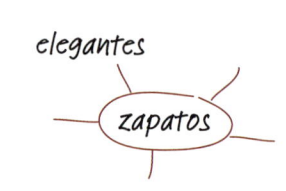

sofá — cómodo, bonito
zapatos — elegantes

**c. En parejas. Con cortesía. ¿Qué se puede decir en estas situaciones?**

1. Un amigo te enseña su sofá nuevo.
2. Un compañero lleva una mochila nueva.
3. Una amiga lleva una falda nueva.
4. Tu compañero hoy lleva gafas de sol.

## La vivienda en España

**6 a. ¿Comprar o alquilar? ¿Es igual en tu país?**
Lee el texto y marca todas las palabras que expresan una cantidad.

### ¿COMPRAR O ALQUILAR?

En España, como en Italia o Francia, todos quieren ser propietarios de un piso o una casa. La mayoría de los españoles piensa que pagar el alquiler es perder dinero. Por eso solamente algunos viven en un piso alquilado.
La mitad de los pisos alquilados no llega a los 100 m² y el 30 % está amueblado. Hoy en día los jóvenes españoles se van muy tarde de la casa de sus padres (entre los 25 y 27 años). Antes de tener un trabajo fijo, muchos no quieren vivir solos. Por eso muy pocos jóvenes entre 18 y 25 años alquilan un piso, pero el 60 % de ellos quiere comprar una vivienda en el futuro.
¿Cuántos españoles tienen una vivienda en propiedad? Aproximadamente el 80 %. La conclusión es fácil: casi nadie quiere vivir en un piso alquilado.

**b. ¿Qué significan estas cantidades? Relaciona.**

expresiones de cantidad

- ☐ (casi) todos
- ☐ la mayoría
- ☐ la mitad
- ☐ algunos/-as
- ☐ (casi) nadie

1. El 50 % de los pisos alquilados tiene entre 60 y 90 m².
2. El 80 % de los españoles compra un piso.
3. Sólo el 5 % de los jóvenes alquila un piso.
4. El 18 % de los españoles alquila un piso.
5. El 70 % de los pisos se alquila sin muebles.

**c. Haz una encuesta en el grupo hasta encontrar cinco respuestas positivas.**
Luego presenta un resumen de los resultados.

¿Quién
- tiene casa propia?
- tiene garaje?
- tiene balcón o jardín?
- tiene televisión vía satélite?
- comparte piso?
- tiene una casa de más de 100 m²?
- vive en el centro?
- ha alquilado un piso amueblado?
- ha vivido en otra ciudad?
- conoce bien a sus vecinos?

● La mayoría ha vivido en otra ciudad. Nadie comparte piso.

## Mi casa en otro país

**7** **a. Guillermo Xiu Xiul se mudó a España.**
En el texto siguiente aparecen las palabras *artista, chocolate, escultura, maya.* ¿De qué puede hablar el texto?

**b. Lee ahora la biografía y ordena las etapas de la vida de Xiu Xiul.**

- ☐ trabajar en el museo de chocolate
- ☐ nacer en México
- ☐ ir a España
- ☐ estudiar Antropología
- ☐ irse a Europa

**c. En el texto aparece un tiempo nuevo: el indefinido.**
Marca las formas del indefinido en el texto. ¿Cuál es el infinitivo correspondiente?

### ▪ GUILLERMO XIU XIUL ▪
## Un artista muy especial

Guillermo Xiu Xiul nació en México. Es el jefe de uno de los clanes mayas que todavía existen en la actualidad. En su país estudió Antropología y también aprendió un arte muy especial: hacer esculturas de chocolate. El chocolate es muy importante para él porque tiene una gran tradición en su país: sus antepasados empezaron a consumir el cacao muy probablemente en 1.500 a.C.

Un día Guillermó Xiu Xiul decidió llevar su arte y sus conocimientos a Europa. Por el idioma común, se fue a España, donde trabajó varios años en el museo de Chocolates Valor. Allí realizó espectaculares esculturas de chocolate y explicó a los visitantes el significado del cacao para las antiguas culturas americanas. Actualmente participa en encuentros interculturales donde presenta sus esculturas y habla de proyectos de solidaridad con el pueblo maya.

**d. Completa la tabla con las formas del texto.**

| -ar: trabaj**ar** | -er / -ir: aprend**er** | ser / ir |
|---|---|---|
| trabaj**é** | aprend**í** | fui |
| trabaj**aste** | aprend**iste** | fuiste |
| ............... | ............... | ............... |
| trabaj**amos** | aprend**imos** | fuimos |
| trabaj**asteis** | aprend**isteis** | fuisteis |
| trabaj**aron** | aprend**ieron** | fueron |

Se usa el indefinido con acciones dentro de un periodo en el pasado que el hablante considera terminado y que no tiene relación con el presente. A menudo va acompañado por marcadores temporales como **ayer, la semana pasada, en 2006, el 12 de mayo...**

**8** **En cadena. Gimnasia verbal con indefinidos.**
Uno dice uno de estos verbos en la forma de primera persona (yo) en presente.
El siguiente lo dice en indefinido y luego otro verbo en presente.

hablar | encontrar | explicar | comer | ir | beber | escribir | trabajar | usar | tomar | preguntar | vivir | llegar | ser

- ● Hoy hablo.
- ○ Ayer hablé. Hoy como.
- ■ Ayer...

✎ 8, 9

ciento diecisiete | **117**

# 11 Mi nueva casa

La **z** nunca va seguida de una **e** o una **i**. Por esa razón cambia a veces a **c** como por ejemplo en reali**z**ar:
yo reali**c**é
él reali**z**ó
...

**9** **a. Xiu Xiul cuenta su historia. Completa con las formas del indefinido.**

"_Nací_ (nacer) en México donde .................... (estudiar) antropología. También .................... (aprender) el arte de hacer esculturas de chocolate. El chocolate tiene una gran tradición en mi país. En los años noventa .................... (decidir) dejar mi país para ir a Europa. .................... (ir) a España por el idioma y las posibilidades de trabajo. En Villajoyosa .................... (encontrar) trabajo y .................... (trabajar) varios años en el museo de Chocolates Valor. Allí .................... (realizar) muchas esculturas de chocolate y .................... (hablar) a los visitantes del cacao en las antiguas culturas americanas."

**b. Otros datos biográficos. ¿Te acuerdas? ¿Quién habla?**
Las personas que dicen estas frases han aparecido en este libro. ¿Las puedes identificar?

1. Nací en Medellín. Soy pintor y escultor. Me fascinan los cuerpos gordos. ¡Qué bellos!

2. Soy colombiano. En 1982 recibí el Premio Nobel de Literatura.

3. Mi hermano y yo nacimos en Buenos Aires. Yo estudié teatro y él música.

4. Nací en Málaga. A los ocho años pinté mi primer cuadro. Muchos dicen que fui el gran innovador de la pintura del siglo XX.

5. Mi padre y mi abuelo fueron chocolateros como yo.

6. Creé la mascota de los Juegos Olímpicos de Barcelona.

**c. Ahora tú. Tu biografía.**
Cada uno escribe una pequeña biografía con estos elementos, usando el indefinido. Dos informaciones pueden ser falsas.

nacer | ir a la escuela de… a… | terminar la escuela | empezar a trabajar | cambiar de trabajo | mudarse de ciudad | casarse

**d. En parejas. Intercambiad los textos. ¿Encontráis la información falsa?**

**10** **En parejas. ¿Cuándo fue la última vez?**
Elige cinco preguntas para entrevistar a tu compañero. Luego cuenta al grupo las tres informaciones más interesantes.

- ir a un museo
- comer chocolate
- tomar un medicamento
- comprar un regalo
- ir a un concierto
- pasar un exámen

- conocer a una persona interesante
- comprar un mueble nuevo
- mudarse de piso
- escribir una carta a mano
- tomarse un día libre en el trabajo
- dormir más de 10 horas

● ¿Cuándo fuiste al museo por última vez?
○ La semana pasada. / Hace un mes.

**marcadores temporales**
hace dos años
hace un mes
la semana pasada
el 3 de mayo
ayer

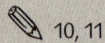

10, 11

118 | ciento dieciocho

1 **El cacao,** la base del chocolate, es un producto de origen americano. El artista mexicano Guillermo Xiu Xiul nos presenta su historia. "Ya las culturas prehispánicas utilizaron el cacao como alimento, pero también como moneda y en rituales religiosos. Todavía hoy" –cuenta Xiu Xiul, miembro del pueblo maya– "utilizamos el cacao como moneda".

2 Cristóbal Colón fue el primer europeo que descubrió el cacao y lo llevó a España. Al principio no gustó mucho: los europeos lo encontraron demasiado amargo. Por eso empezaron a mezclarlo con azúcar, vainilla o canela y así nació el chocolate actual.

3 Poco a poco el chocolate se extendió por Europa. En 1606 llegó a Italia, de allí pasó en 1646 a Alemania, pero durante muchos años los alemanes lo tomaron como una medicina y no como una bebida. "El cacao tiene grandes cualidades" –dice Xiu Xiul– "por eso nosotros todavía celebramos rituales para dar las gracias por este regalo de la naturaleza". En 1819 se fundó en Suiza la primera fábrica de chocolate y así empezó su fabricación industrial. Allí también se creó la variante más popular en la actualidad, el chocolate con leche.

4 Pero la historia del chocolate todavía no ha terminado. Hoy en día los maestros chocolateros buscan nuevas creaciones, como cacao con chile, una antigua combinación de los aztecas. Y artistas como Guillermo Xiu Xiul trabajan para recordarnos las antiguas tradiciones de los pueblos americanos.

## Una historia con gusto

**11 a. La historia del chocolate.**
Lee el texto y busca los párrafos que corresponden a estos temas.

El chocolate en la actualidad
El cacao en las culturas prehispánicas
La expansión por Europa
De América a Europa

**b. Datos del chocolate. Relaciona.**

El cacao llegó a Europa en el siglo XVI
La primera fábrica de chocolate
Los alemanes no tomaron el chocolate
En las culturas prehispánicas el cacao

se usó como alimento y moneda.
se abrió en Europa en 1819.
pero al principio no gustó a los europeos.
como bebida, sino como medicina.

**12 Este producto llegó también de América.**
Completa su historia con los verbos que faltan en indefinido. ¿Qué es?

adaptarse | clasificar | empezar | gustar | llegar (2x) | probar

1. Su nombre viene de la lengua náhuatl. Tiene su origen en América. Allí los españoles lo .................... por primera vez y les .................... mucho.
2. En el siglo XVI .................... a Europa y .................... muy bien al clima mediterráneo, pero algunos botánicos lo .................... como planta tóxica.
3. Poco a poco .................... a entrar en la cocina europea.
4. Poco después .................... también a Asia por la colonia española de Filipinas. Actualmente es un producto de la cocina mundial: lo comemos en ensaladas, salsas, sopas y sobre todo con pasta.

12–16

# 11  Mi nueva casa

**Portfolio**
Guarda tu ficha o mejor todo el album en tu dosier.

## Tarea final  El álbum de la clase

Estamos llegando al final de **¡Nos vemos!** y vamos a preparar un pequeño álbum de recuerdo.

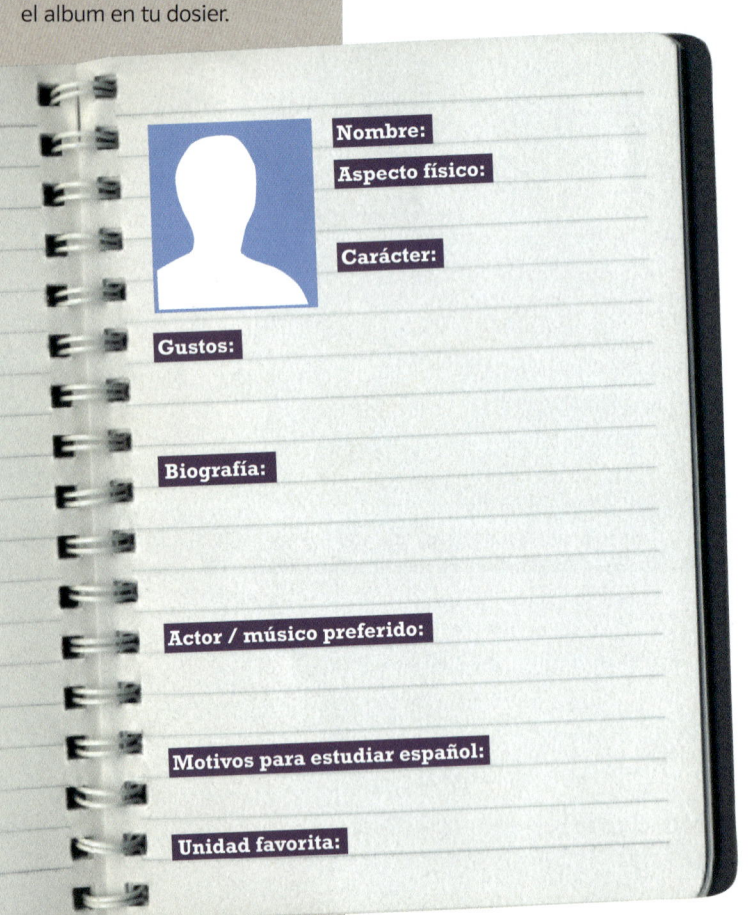

**Nombre:**
**Aspecto físico:**
**Carácter:**
**Gustos:**
**Biografía:**
**Actor / músico preferido:**
**Motivos para estudiar español:**
**Unidad favorita:**

**a. En parejas.** Vas a elaborar una ficha sobre uno de tus compañeros para el álbum de la clase. Él va a hacer lo mismo sobre ti.
Hablad de estos aspectos para tener la información necesaria.

- tu pequeña biografía (4 informaciones)
- tus actividades de tiempo libre
- tu actor / músico preferido
- tus motivos para estudiar español
- una persona del mundo hispano que recuerdas
- tu unidad favorita de **¡Nos vemos!**
- tus dos textos preferidos del libro
- un país de la Panamericana que quieres visitar

**b.** Con las informaciones que has recibido, elabora la ficha. En lugar de la foto, puedes dibujar un símbolo de tu compañero.

**c.** Una persona recoge todas las fichas para fotocopiarlas y repartirlas en la próxima clase.

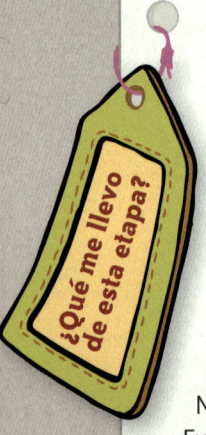

---

**¿Qué me llevo de esta etapa?**

En esta lección hemos hablado de nuestras casas y hemos aprendido a hablar de hechos pasados. ¿Qué quieres llevarte a casa?

■ Expresiones para describir un piso.

■ Expresiones para decir dónde están los muebles en un piso.

■ Piensa en un mueble antiguo, en un mueble muy feo y en un mueble que quieres cambiar en tu casa. ¿Cuáles son?

■ ¿Puedes completar con tus datos biográficos?
Nací en ........................
Fui a la escuela de ............... a ..................
Empecé a aprender español en ..................
El año pasado ........................

■ ¿Qué aspectos culturales te parecen más interesantes en esta unidad?

■ Ahora sabes cómo se llaman muchos objetos de tu casa. ¿Por qué no escribes el nombre de los muebles y objetos en pequeños papeles (pósits) y los pegas en los muebles de tu casa? Así los puedes ver todos los días y aprenderlos.

■ En esta unidad has visto también reglas de cortesía. En cada cultura las reglas de cortesía pueden ser diferentes. Conocerlas nos ayuda en la comunicación. En otras lecciones, ¿has visto también reglas de cortesía?

■ Ya casi hemos llegado al final de **¡Nos vemos!**. En este viaje has aprendido muchas cosas. ¿Cómo reaccionas si te dicen: "¡Qué bien hablas ya español!"?

120 | ciento veinte

## Panamericana

**En Argentina con Hortensia.**
Hola, me llamo Hortensia y soy argentina.

Mi ciudad preferida es Buenos Aires, la capital, pero, claro, es que yo soy de allí, soy porteña (así se llaman los habitantes de Buenos Aires, por el puerto). Es una ciudad enorme, con once millones de habitantes, una ciudad fascinante, con una vida cultural única: teatros, cines, bibliotecas, museos. ¿Quién no conoce las casas del barrio de la Boca o la Avenida Corrientes, "una calle que nunca duerme", con sus teatros, galerías y librerías que abren las 24 horas? Pero yo, cuando pienso en Buenos Aires, vuelvo siempre a la calle Defensa, cerca de la Plaza de Mayo, a la farmacia más antigua de la ciudad, que fue de mi padre y ahora es de mi hermano. Si quiere conocer la ciudad, le recomiendo tomar el colectivo (así se llaman los autobuses en Argentina).
■ *Y ahora tú: ¿cómo puedes caracterizar tu lugar de residencia?*

Buenos Aires está junto al Río de la Plata, que allí es casi tan ancho como el mar. En el Río de la Plata nació el famoso tango, una música única con textos de historias tristes de amor. Algunos grandes artistas del tango son Carlos Gardel o Ástor Piazzola, que lo modernizó. ¿Sabe en que otro país hay muchos aficionados del tango? ¡En Finlandia! Se dice que llegó allí gracias a los marineros argentinos.
■ *Y ahora tú: ¿conoces otro tipo de música latinoamericana?*

Argentina es un país de grandes escritores como Jorge Luis Borges o Julio Cortázar. Nuestra tradición literaria empezó ya con las historias de los gauchos. A los argentinos nos gusta contar historias y compartirlas con los amigos tomando un mate. ¿Conoce el mate? Es una bebida caliente de té de mate, que se toma en un "vaso" especial. Cuando una persona llega de visita a una casa, después del saludo siempre viene la pregunta: "¿Unos mates?" Hay un ritual para beberlo: todos beben del mismo vaso y lo pasan de una mano a otra.
■ *Y ahora tú: ya sabes que cuando se va de visita a una casa es cortés alabar algo. ¿Puedes alabar tres cosas de la clase de español?*

el mate

Para los amantes de la naturaleza, mi país ofrece lugares maravillosos. El paisaje que más me fascina es la Patagonia. Ver el glaciar Perito Moreno o hacer una excursión en barco para ver ballenas es un espectáculo inolvidable.

Hemos llegado al final de la ruta Panamericana y hemos conocido muchos países con sus paisajes, ciudades, costumbres, músicas, comidas…
■ *Y ahora tú: ¿qué país(es) tienes ganas de visitar? ¿Qué foto te ha gustado más?*

una ballena

el glaciar Perito Moreno

# 11 Mi nueva casa

## Comunicación

**La casa y los muebles**

| partes de la casa | el salón | el dormitorio |
|---|---|---|
| la puerta | la mesa | la cama |
| la ventana | la silla | el armario |
| la terraza | el sofá | la lámpara |
| el balcón | el televisor | el escritorio |

| la cocina | el baño |
|---|---|
| la cocina | la ducha |
| la nevera | la bañera |
| el microondas | el espejo |
| el lavaplatos | la lavadora |

**Describir el piso**

| | |
|---|---|
| en el centro | en las afueras |
| tranquilo | ruidoso |
| antiguo | moderno |
| viejo | renovado |
| en la planta baja | en el segundo piso |
| interior | exterior / con vistas a… |

**Hacer un cumplido y reaccionar a uno**

| cumplido | reacción |
|---|---|
| • ¡Qué zapatos más elegantes! | ○ ¿Te parece? Pues son viejos, la verdad. |
| • ¡Qué salón más grande tienes! | ○ ¿Tú crees? No tiene tantos metros. |
| • ¡Qué mesa más original! | ○ ¿Te gusta? Es del rastro. |
| • ¡Qué práctico! | ○ Sí, no está mal. |

**Dar datos sobre la biografía**

Nací en 1975 en Granada.
Fui a la escuela de 1981 a 1989.
Terminé la escuela en junio de 1989.
Empecé en el instituto en otoño de 1989.
En 1995 pasé medio año en Inglaterra.
Terminé mis estudios en 1998.
En 2001 me mudé a León y empecé a trabajar en mi empresa actual.
Me casé en 2004.

**Hablar sobre sucesos en el pasado**

Xui Xiul se fue a España.
Trabajó varios años en el museo de chocolate.
Cristóbal Colón llevó el cacao a Europa en el siglo XVI.
Los alemanes lo tomaron como una medicina.

**Preguntar por el pasado**

¿Cuándo comiste chocolate por última vez?
¿Cuándo se mudó usted a nuestra ciudad?
¿Cuándo pasaste el examen?

**Decir el momento en el pasado**

| |
|---|
| Ayer. / La semana pasada. |
| En febrero. / En 2002. / En las vacaciones. |
| Hace un mes. / Hace un año. / Hace dos semanas. |

# Gramática

**Cuantificadores y pronombres indefinidos**

| |
|---|
| (casi) todos/-as |
| muchos/-as |
| la mayoría |
| la mitad |
| algunos/-as |
| pocos/-as |
| (casi) nadie |

**El indefinido**

| | -ar: trabaj**ar** | -er / -ir: aprend**er** |
|---|---|---|
| yo | trabaj**é** | aprend**í** |
| tú | trabaj**aste** | aprend**iste** |
| él / ella / usted | trabaj**ó** | aprend**ió** |
| nosotros/-as | trabaj**amos** | aprend**imos** |
| vosotros/-as | trabaj**asteis** | aprend**isteis** |
| ellos/-as / ustedes | trabaj**aron** | aprend**ieron** |

| | ser / ir |
|---|---|
| yo | fui |
| tú | fuiste |
| él / ella / usted | fue |
| nosotros/-as | fuimos |
| vosotros/-as | fuisteis |
| ellos/-as / ustedes | fueron |

**Marcadores para el indefinido y el perfecto**

| indefinido | perfecto |
|---|---|
| ayer | hoy |
| la semana pasada | esta semana |
| el domingo (pasado) | este domingo |
| en 2002 | este verano |
| hace tres años | todavía no |
| la última vez | alguna vez |

El indefinido hace referencia a acciones dentro de un periodo en el pasado que el locutor considera cerrado. El perfecto se usa cuando hablamos de acciones dentro de un periodo que el locutor no considera cerrado *(esta semana)* o cuando el momento no tiene importancia *(alguna vez)*. El tiempo transcurrido objetivamente no es decisivo.

# Mirador

Hemos llegado a la última etapa de **¡Nos vemos!** Es el momento de hacer un pequeño balance. ¡Cuántas cosas hemos aprendido!, ¿verdad?

## Hablamos de cultura: quedar y salir

**1** **a. Invitaciones y restaurantes.**
Marca las respuestas según tu opinión. Puedes marcar más de una. No hay correctas ni falsas.

1. Normalmente me encuentro con amigos
   - ☐ en un bar o restaurante.
   - ☐ en casa.
   - ☐ en un club de deporte.

2. Invito a mi casa
   - ☐ sólo a muy buenos amigos.
   - ☐ sobre todo a la familia.
   - ☐ a todo el mundo.

3. Invito a mis amigos o colegas
   - ☐ una semana antes.
   - ☐ un par de días antes.
   - ☐ espontáneamente.

4. Si tengo invitados en casa
   - ☐ preparo una comida especial.
   - ☐ todos traen algo para comer.
   - ☐ pongo algo para picar (jamón, queso…).

5. A una invitación llego
   - ☐ a la hora en punto.
   - ☐ unos 15 minutos tarde.
   - ☐ un poco antes para ayudar.

6. Si tengo poca hambre,
   - ☐ pido en un restaurante un plato ligero.
   - ☐ pido sólo una ensalada.
   - ☐ pido una porción pequeña.

7. Tomo café
   - ☐ por la mañana, en el desayuno.
   - ☐ por la tarde con pastel o tarta.
   - ☐ después de la comida.

**b. Compara los resultados con tus compañeros. Luego escucha a estos hispanohablantes.** ⏩ 72
¿Hay diferencias con tus respuestas? ¿Y también entre las personas que hablan?

**2** **Más que palabras. Relaciona.**
¿Quieres ampliar tus conocimientos sobre la cultura de los países de habla hispana?

1. El champán
2. La comida
3. En el desayuno
4. Al teléfono
5. La sobremesa
6. En una casa

- ☐ es el tiempo para charlar después de las comidas.
- ☐ se come poco, pero a eso de las 10 mucha gente toma algo en un bar.
- ☐ principal es la del mediodía. Tiene un primero, un segundo y postre.
- ☐ el apellido de la gente que vive ahí no está en la entrada.
- ☐ no se contesta con el apellido.
- ☐ o cava se toma muchas veces con el postre y algo dulce.

# 12

**similitudes y diferencias culturales • autoevaluación • estrategias de aprendizaje • hablar y jugar**

## Ahora ya sabemos…

Evalúate tú mismo marcando uno de los dibujos de cada tema antes de hacer el ejercicio. A continuación haz la prueba y compara el resultado con tu dibujo de autoevaluación. Comprueba los resultados preguntando a tus compañeros o al profesor cuando no estés seguro.

**3  a. Quedar y salir.** 73
Ordena esta llamada telefónica. Luego, comprueba con el CD.

- ☐ • Hola, Silvia, ¿cómo estás?
- ☐ • Ah, sí, leí algo sobre esa película. ¿Es chilena?
- ☐ • ¿Dígame?
- ☐ • Vale, vamos juntos a verla. ¿Quedamos a las nueve en el bar de siempre?
- ☐ • ¿Cuándo, hoy por la noche?

- ☐ ○ Bien, bien. Te llamo para ver si vienes conmigo al Rex. Es la semana del cine latinoamericano.
- ☐ ○ No, argentina. Y dicen que es muy buena.
- ☐ ○ Sí, a las diez ponen "Lluvia", que me interesa.
- ☐ ○ Claro, buena idea. Así podemos picar algo…
- ☐ ○ Hola, Pedro. Soy Silvia.

**b. Preguntas y respuestas.** 74–75
Lee las respuestas del cuadro azul. Luego escucha las preguntas 1–4 y pon el número en la respuesta adecuada. Después haz lo mismo con las respuestas del cuadro rojo y las preguntas 5–8.

| | |
|---|---|
| ☐ Hombre, está encima de la cama. | ☐ No, pero como poca carne. |
| ☐ Pues… está un poco salada, la verdad. | ☐ Mucho viento, pero no hace frío. |
| ☐ Crema catalana, fruta o flan. | ☐ Sí, hay uno cerca de la Plaza Mayor. |
| ☐ La semana pasada, el martes. | ☐ Un buen anorak y zapatos muy cómodos. |

**4  a. Hablar de un viaje.**
Piensa en uno de tus viajes y toma notas sobre estos aspectos.

¿Qué idioma hablaste?
¿Qué medio de transporte usaste?
¿Con quién viajaste?
¿Qué cosas visitaste?
¿Qué comiste?
¿Qué (no) te gustó?

# 12 Mirador

**b. En parejas. Haz las preguntas a tu compañero.**
Él contesta sin decir el lugar. ¿Adivinas adónde fue?

**c. Un plan para un viaje en las próximas vacaciones.**
En parejas. Pensad en un viaje que queréis hacer juntos y exlicad vuestros planes en un correo electrónico a toda la clase. Luego, los correos se ponen en la pared y todos os levantáis para leerlos. ¿Quién tiene ganas de ir con vosotros?

## Aprender a aprender

**5  a. Aprender y ampliar vocabulario.**
Es útil memorizar palabras en combinaciones de uso habitual y no sueltas. A veces nos sorprende lo diferente que puede ser el significado de un verbo dependiendo de la combinación en la que aparece. Relaciona las palabras con los verbos y escribe la traducción.

frío | deporte | 35 años | viento | un taxi |
cámping | un gato | prisa | la maleta |
tiempo | alcohol | gafas | ajo | sol |
una cerveza | zapatos negros

**b. ¿Puedes añadir otras palabras?**

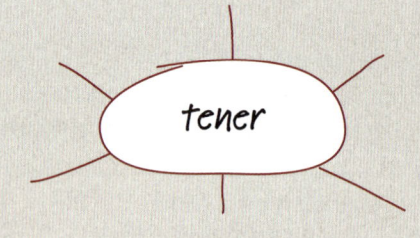

hacer

tener

tomar

llevar

126 | ciento veintiséis

## Terapia de errores

**6** **a. Errores frecuentes. ¿Puedes encontrarlos en este correo?**
Markus viaja por la Panamericana y escribe un e-mail a su profesora de español.

**b. En parejas. Comparad vuestros resultados y escribid el e-mail sin errores.**

> Hola Mercedes:
> ¡El viaje es súper! Ahora somos en Argentina. Lars y yo han conocido otros alemanes que van también por la Panamericana y ahora somos en una pensión. Por la noche los otros juegan cartas, pero yo no, porque yo no puedo "Bridge". Yo juego la guitarra y miro las estrellas, que son fantásticos aquí. Hace buen tiempo y no es frío. Mañana vamos seguir y tenemos que levantarse a las seis. No me gusto, pero es necesito porque la ruta es muy larga.
> Bueno, muchos saludos de Markus y Lars

**c. El 'top ten' de los errores.**
Hay errores que cometemos una y otra vez aunque sepamos cómo es en realidad. Piensa en tres errores que cometes a menudo. Tu profesor los va escribir todos en la pizarra. ¿Cuáles son los errores más frecuentes?

## Organizar un juego

**7** **a. ¿Qué hago si no sé la palabra?**
¿Qué puedes hacer si al hablar te falta una palabra? En una conversación seguro que tu interlocutor está dispuesto a ayudarte. Las técnicas no convencionales también pueden resultar útiles. Haz una lista en la pizarra.

**b. Hacemos un juego de 'Memory'.**
Cada uno escribe cuatro cartas, dos con una palabra y dos con la definición o descripción correspondientes con algún ejemplo en la que se usa o incluso con alguna técnica que hayan descubierto (por ejemplo, un dibujo).

**c. ¡A jugar!**
Se forman grupos de cuatro. El grupo A intercambia sus cartas con el grupo B, etc. Las 32 cartas se disponen boca abajo sobre la mesa. Un jugador descubre dos cartas y si son pareja se las puede quedar. Si no lo son, tendrá que ponerlas de nuevo boca abajo y juega el siguiente. Gana el que más parejas tenga.

¡Enhorabuena!, has terminado este primer nivel y ya sabes expresar muchas cosas. ¡Hasta el siguiente nivel!
¡Nos vemos!

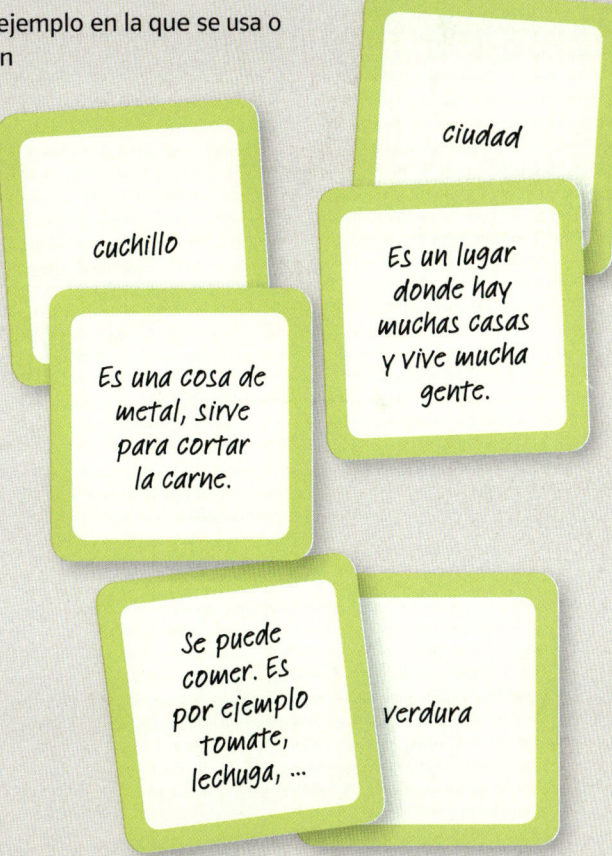

*ciudad*

*cuchillo*

*Es un lugar donde hay muchas casas y vive mucha gente.*

*Es una cosa de metal, sirve para cortar la carne.*

*Se puede comer. Es por ejemplo tomate, lechuga, ...*

*verdura*